길 위의 희망

토닥토닥 걷기학교

지은이	이병주
초판	2021년 10월 21일

펴낸이	배용하
책임편집	배용하
교열교정	박민서
등록	제364-2008-000013호
펴낸곳	도서출판 비공
	www.daejanggan.org
등록한곳	충남 논산시 매죽헌로 1176번길 8-54
대표전화	전화 041-742-1424 전송 0303-0959-1424
분류	교육	환대	회복
ISBN	979-11-976109-0-5　03330

값 15,000원

길 위의 희망

토닥토닥
걷기학교

이병주

비꽁
도서출판

차 례

부록

미주·236

자기를 만나는 걷기의 즐거움

송인수 (재단법인 교육의봄 공동대표)

나는 이 책을 읽고 빙그레 웃었다. 책이란 무릇 글을 쓰는 사람 속 영혼의 색깔에서 자유롭지 않다. 글은 그가 살아간 흔적이다. 그러나 이 책만큼 글을 쓴 존재와 글이 일치하는 경우를 나는 좀처럼 본 적이 없다. 저자 이병주는 자연에서 자라고 걷고 뛰는 것을 좋아하는, 섬세한 감수성을 갖춘 사람이다. 영어 교사라는 직업은 교사로서 그의 존재를 절반도 설명하지 못한다. 나머지 그의 선생 됨을 구성하는 절반 이상의 것, 아니 그가 선생으로 자기 삶을 움직이는 더 큰 힘은, 몸을 써서 걷고 그 속에서 감정과 정신의 자유를 경험하는 부분이다.

자기다운 삶을 살기 위해 그는 걷기를 즐겨했다. 그러다가 어느 순간, 자기를 자기답게 만들었던 걷기가, 이젠 아이들을 살리는 힘이라는 것을 알아차렸다. 놀라운 전환이다.

수년 전, 그가 선생으로 장차 꿈꾸는 미래와 관련해 걷기학교를 고민하길래 무릎을 탁 쳤다. 가장 그다운 일이요 아이들을 변화시키는 탁월한 길이었다. 만일 미적거린다면 내가라도 해버리겠다고 압박했다.

그렇게 시작한 걸음에 아이들이 참여하고 삶이 달라지고, 또 다른 아이들과 교사들이 참여하다, 그만 길이 열려져 버렸다. 자기다운 길이니 돌아가긴 어려울 것이다.

나는 감히 장담한다. 삶의 어둔 터널을 지난 아이들, 여러 가지 삶의 무게로 주저앉은 아이들, 제 속에 무엇이 있는지 알지도 못한 채 끄집어낼 힘이 없던 아이들이 이 걷기학교를 통해 틀림없이 자기를 만날 것이라고. 그들과 함께 걷던 교사들도 그럴 것이라고.

어디 아이들과 선생들 만이랴.

이 책을 읽다보면,

"내일은 집 부근 천변(川邊)을 걸어야하겠다, 모레는 우리 집 뒷산 쪽 길로 걸어 아이들이 만났던 자신을 나도 만나고 싶다."

그런 의욕이 찾아올 것이다, 누구에게나!

걸으면 살 수 있고 앞으로 나아갈 수 있다

최창의 (행복한미래교육포럼대표/전 경기도율곡교육연수원장)

이병주 선생님은 나하고 같은 마을에 사는 동지이다. 나그네라는 별칭을 가진 그가 평소에 마을 공동체와 사람들에게 보이는 애정은 남다르다. 그 매력 못지않게 미덥고 끌리는 것이 일상 삶에서 배어나는 교육과 아이들에 대한 진한 사랑이다.

걷기학교도 바로 선생이 품고 있는 아이 사랑을 어찌지 못해 터져 나온 몸부림일 게다. 교실에 틀어박혀 교과서로만 교육할 수 없다는 것을 아는 그가 야생의 길을 걸으며 진정으로 산교육을 실천하고 싶었으리라. 이 책에서는 산과 들, 강과 바다가 교실이자 선생님이 되었고, 함께 걷는 걸음이 가장 중요한 교육과정이었다. 아이들은 길 위에서 고요히 사색하고 교사와 대화하는 가운데 자신을 이해하고 사랑하는 삶으로 다가서게 되었다. 이만큼 귀하고 좋은 교육 방법과 실천이 어디 또 있을까 싶다.

지금은 학교 선생하기 어려운 시대라고 한다, 아이들과 진심을 나누기도 매우 힘들다고 한다. 그래서 지치고 때로 주저앉고 싶을 때면 이 책을 가만히 꺼내 읽어보길 권한다. 읽다 보면 다시 일어나 길을 걸어갈 힘을 얻게 될 것이다. 걸으면 살 수 있고 앞으로 나아갈 수 있다. 아이들과 동료 교사들과 함께 손잡고 걷기학교에서 교육의 미래를 열어 보자.

저자가 경험한 기쁨을 더 많은 분이 경험하길…

이준원(교사마음지원센터 소장, 「무엇이 학교를 바꾸는가」 저자)

저자 이병주 선생님을 생각하면 아이들과 함께 운동장에서 공을 차거나 자전거 라이딩 하던 모습이 떠오른다. 덕양중 재임시절 남자 아이들이 교장인 나에게 이야기 해주는 주제 중에 가장 흔한 것이 '병주샘과 축구하다가 부딪쳤다.' 또는 '병주샘 축구화에 밟혀서 아프다'는 것이었다. 아이들은 왜 아픈 상처를 자랑하듯 말하면서 행복한 표정을 지었을까? 부딪쳐 멍든 정강이의 통증이나 축구화에 밟힌 발등의 상처를 넘어서는 행복감이 있다는 것을 알 수 있었다. 아이들은 선생님과 함께 땀 흘리며 '교사-학생'의 관계가 아닌, 사람과 사람이 몸으로 주고받은 끈끈한 정과 신뢰와 존중 그리고 사랑을 느꼈던 것이다. 분주한 학교 일과 중 점심시간에 잠깐 짬을 내서 하는 축구가 아이들과 선생님을 이렇게 끈끈하게 연결시켜 주었다면 2박 3일 동안 함께 걷고, 먹고, 이야기를 나누면 아이들의 마음은 얼마나 기쁨과 감격으로 넘쳐날까?

우리 아이들은 무한경쟁 대학입시와 겉모습으로 평가하는 사회분위기 속에서 상처받고 많이 아파하고 있다. 이처럼 학생들에게 차곡차곡 쌓여가는 많은 상처를 치유하는 멋진 도구 중 하나가 '함께 걷는 것'이다.

아이들과 함께 걸으며 이야기를 들어 주면 된다. 자신을 있는 그대로 존중해주는 가슴이 따뜻한 사람과 함께 걷는다는 것은 상상만 해도 행복한 일이다. 놀라운 것은 함께 걷는 것만으로도 고립과 비교당한 상처로부터 치유가 일어나고 자존감이 회복된다는 것이다. 두 발로 걷는 행위 자체가 살아 있음을 증명해 내는 것이기 때문이 아닐까. 더구나 나의 존재 그 자체로 인정해 주는, 평가하거나 지적하지 않고 내 영혼을 따뜻하게 환대해주는 선생님과 함께 걷는다는 것은 말로 표현하기 어려운 행복한 경험일 것이다. 이 책에서는 걷기를 통해 만들어 지는 치유적 관계의 경험을 재미있게 다루고 있다. 그래서 이 책을 읽으면 걷고 싶어진다.

저자는 '걷기학교'가 무엇인지 어떻게 진행하면 되는지를 자신의 경험을 통해 잘 소개하고 있다. 그래서 걷기 현장에서 전해지는 생생한 감동을 느낄 수 있다. 아이들과 함께 걷기를 시작하려는 부모님이나 선생님들이 쉽게 활용할 수 있는 실제적인 자료도 친절하게 보여준다. 이렇게 귀한 '걷기학교'가 책으로 출판 된 것을 매우 기쁘게 생각한다. 이 책을 통해 전국의 많은 학교에서 '걷기학교'를 실천·적용해서 저자가 경험한 기쁨을 맛보기를 간절히 소망한다.

성장 과정의 나이테가 될 시간과 의미의 증인

김영식 (좋은교사운동 공동대표)

한 아이가 어른이 되기까지 그 마음 속에는 수많은 시행착오와 고민들이 지나갑니다. 중요한 것은 별 의미없이 지나갈 경험들도 누군가 질문을 던지고 이야기를 들어줄 때, 그 아이의 성장의 과정에 나이테가 될 수 있다는 것이죠. 여기, 수많은 고민들 속에 있었을 아이들에게 질문을 던지고 대답을 들어주며 함께 걷기를 마다하지 않았던 교사들의 기록이 세상에 나왔습니다. 아이들에게는 자기 이야기를 말할 수 있는 시간도 필요하고, 말할 때까지 함께 시간을 보내주는 어른도 필요합니다. 이를 앞서 실천한 한 선생님이 걷기학교가 가진 힘을 자랑하며 아이들과 함께 걷자고 제안합니다. 같은 학교에서, 교사운동 단체에서 선생님의 삶을 지켜 본 증인으로서 이 책 읽고 아이들과 함께 걷기에 동참해 보시기를 적극 추천 드립니다.

우리 영혼을 온통 피워낼 삶 이야기

김재균 (교사, 라이더이자 길의 멋진 풍경을 길어 올리는 사진작가)

길처럼 우리 마음을 충만하게 만드는 게 있을까?

아이들만큼 끝없는 가능성으로 아름다운 존재가 있을까?

그런데 '길'을 걷는 '아이들'이라니!

게다가 그 아이들 곁에서 함께 걷는 선생님까지.

한적한 시골길에서 자전거를 타다 마주친 노을의 숨막히도록 오묘한 빛깔 만큼이나 우리 영혼을 온통 피워낼 삶의 이야기가 가득하리라.

천양희 시인의 시구처럼 "세상 속을 가로질러 길끝과 마음끝이 나란히 서는 그 길 위에서."

걷기를 통해 길어올린 회복과 희열의 감동

이성한 (도보 여행가/고양누리길 개발자/호비문화연구소장)

사람은 태어나서 두 발을 땅에 딛고 걷기 시작해서 평생을 살다가 죽기 전까지 걷거나, 앉거나, 눕는 인생을 산다. 그렇게 살다가 가는 삶의 여정에서 걷기는 세상과 내가 만나는 접점의 수단이고, 인간의 사고와 창의를 일깨우는 자극이며, 인간의 역사를 변화·발전시키는 주요한 동력이다. 사람들은 일생 동안 셀 수 없는 수많은 걸음 속에서 도시를 만나고, 사람을 만나고, 자연을 만난다. 새로운 세계와 현상, 무수한 관계를 만난다. 그러한 만남 속에서 세상에 대한 탐구, 인간에 대한 이해, 자연과 현상에 대한 원리, 모든 존재하는 것들에 대한 상호연관을 생각하는 기회를 얻는다.

모든 여행 중에서 사실상 문명의 이기에 거의 의존하지 않고 가장 자유롭고, 가장 감각적이며, 가장 원초적으로 할 수 있는 여행이 걷기 여행이다. 자전거 여행, 자동차 여행, 기차 여행, 크루즈 여행...그런데 그 어떤 여행도 걷기여행 만큼 제반 조건을 통제받지 않고, 자연과의 직접적인 교감을 이루며 세상으로 나아가는 여행은 없다. 걷기여행은 어떤 여행보다 가장 느린 여행이기에 세상과 사물, 현상에 대한 주의력, 관찰력, 호기심, 상상력 등을 활성화시킨다. 도시에 세워진 시멘트 콘크리트 환경과 사회적 통제를 위한 질서와 규칙 속에서 억지로 획득된 사고의 폐쇄성, 이기성, 경직성을 길 위에 녹여버리는 중화제이자 치료제가 걷기여행이다.

사람들은 걸으면서 스치며, 만나고, 관계를 맺는다. 대로를 걷고, 광장을 걷고, 골목을 걸으며 인간의 사회적 정치적 요구와 의사를 표현하며, 변화와 발전을 모색한다. 사람들은 산길을 걷고, 들녘과 습지를 걸으며 자연이 우리에게 주는 선물이 무엇인지 생각하게 되고, 자연과의 교감을 통해 사람과 자연의 서로살림, 함께삶을 존중하는 법을 배우게 된다. 타인에 대한 존중, 관계의 소중함에 대한 인식, 생태환경이 결코 나와 별개로 유리된 존재가 아니라는 평범한 진리를 깨닫게 된다.

인간은 두 발로 걷는 직립보행을 시작하면서부터 비로소 두 손의 자유를 얻어 도구를 만들고, 활용함으로써 획기적으로 두뇌의 발전을 이루었다. 생각하는 힘의 원천을 확장했다. 인간의 삶의 터전에서 끊임없는 걷기를 통해 세계의 본질과 우주의 섭리까지도 생각하게 하는 사고의 힘을 얻을 수 있었다. 오롯이 두 발로 세상을 걷는 행위를 통해 인류 문명의 대역사는 현재 진행형을 유지하고 있는지도 모른다. 창의력, 상상력, 생각하는 힘의 원천이 바로 걷기이며, 상처와 힘겨움을 치유하고 회복시키는 의사가 걷기다.

친애하는 이병주 선생님께서 걷기의 기쁨을 직접 체험하고, 걷기를 통해 얻은 회복과 희열의 감동을 혼자만의 독점적 만족이 아닌 아이들과의 나눔, 선생님들과의 나눔, 학교 공동체와의 나눔을 위해 '걷기학교'라는 책을 쓰심에 진심으로 축하를 드린다. 특별히 아이들을 지도하시는 선생님들께는 귀한 보석 같은 선물이 되는 지혜와 경험의 나눔이 아닐 수 없다. 걷기를 통한 자신의 숱한 체험들 - 행운, 행복, 돌파구, 만남, 환대, 회복 - 을 구체적인 계획의 제시를 통해 준비하는 과정, 실행을 위한 교육과정으로 구성하여 사례와 더불어 잘 정리해 주셨다. 커다란 수고가 담겨진 책, '걷기학교'가 아이들과 선생님들, 학부모들과 교육현장에 널리 읽혀지고 아름답게 쓰여지는 지혜공유의 훌륭한 빛으로 반짝거리길 기대한다.

토닥토닥
걷기학교

머리말

나는 느린 사람이다. 인생에서 중요한 것은 속도가 아닌 방향이라는 말을 신뢰한다. 그러나 거북이처럼 천천히 느리게 걷지만 가서 닿아야 할 목적지에는 분명히 도착하는 편이다. 이 책도 그렇다. 걷기학교라는 아이디어를 떠올리고 나서 실천하기까지, 그리고 그 실천의 이야기들을 책에 담기까지 아주오랜 시간이 걸렸다.

2017년 방황하는 아이들, 또 그 아이들로 인해 힘들어하는 교사와 부모들을 돕겠다는 취지로 처음 걷기학교를 시작했다. 걷기학교는 기대했던 것보다 더욱 성공적으로 진행이 되었다. 그러나 그 흐름을 이어가지 못했다. 그것이 지속적으로 내 마음을 힘들게 했다.

2018년 중국 대련에 있는 한국국제학교로 발령을 받은 아내를 따라 중국으로 갔다. 1년간의 자율휴직이었다. 잠시 바쁜 학교와 할 일 많던 한국을 벗어나면 조금 여유로운 시간이 펼쳐질 줄 알았다. 그 사이 한국과 중국을 자유롭게 오가며 걷기학교도 진행하고 책도 쓸 수 있을 것이라고 생각했다. 그러나 생의 수레바퀴는 계획대로 흘러가지 않았다. 중국 천진에 있는 한국 국제학교에 지원하여 발령을 받고 다시 현장교사로 바쁘게 살아가다 보니 걷기학교와는 멀어져 갔다. 책을 쓰지도 걷기학교를 계속하지도 못했다. 구르자마자 멈춰버린 걷기학교를 떠올릴 때마다 한순간 들불처럼 타올랐다가 허무하게 꺼져버린 재를 안고 살아가는 듯한 심정으로 안타까운 시간들을 보냈다.

2020년 걷기학교를 재개하리라는 기대와 부푼 꿈을 안고 예정보다 빨리 한국으로 복귀했다. 코로나 팬데믹으로 다시 길이 막혔다. 그 사이 내 관심사와 문제의식도 확장되어 갔다. 처음 걷기학교를 시작했을 때 나의 관심사는 주로 걷기 '학교'에 있었다. 아이들에게 도움을 주려면, 작은 변화의 계기라도 마련하려면 어떤 프로그램을 어떻게 구성해야 할까 하는 방법론이 주된 관심사였다.

그러나 걷기학교가 막히고 아이들과 함께 걷기보다는 홀로 걷는 시간이 많아지면서 '학교'에만 찍혀 있던 방점이 '걷기'라는 주제로 옮겨갔다. 걷는 행위가 걷는 사람에게 미치는 영향, 더 많이 걸어야 하는 이유, 걷는 사람이 얻게 되는 통찰 등과 같은 주제에 대해서도 계속 고민했다. 나뿐만 아니라 오랜 기간 걷기에 대해 생각하고, 걷기를 실천해 온 사람이라면 우리가 발 딛고 선 이 땅과 우리가 걷고 있는 이 세상이 얼마나 황폐한 공간이 되어버렸는지 이미 알고 있을 것이다. 나 역시 지속적인 걷기의 실천을 통해 이 시대의 걷기란 참 위태로우면서도 절박한 요청임을 깨닫게 되었다.

나는 비단 학교라는 울타리 안의 아이들뿐만 아니라 더 많은 사람들에게 걷기를 소개하고 걷기학교로 초대하고 싶다. 그렇게 걷는 사람들과 함께 연대하고 걷는 사람들의 공동체를 만들어 가고 싶다.

이 책을 쓰는 이유가 여기에 있다. 걷기학교는 여전히 미완성이고 부족한 점이 많지만 그럼에도 불구하고 이미 진행되었던 걷기학교를 소개하는 것만

으로도 많은 분들께 도움과 유익이 된다는 것을 확인하였다. 걷기학교에 함께
한 교사들과 아이들은 뜻밖의 선물과도 같은 시간을 경험했다고 고백하곤 한
다. 그 놀랍고 생생한 목소리들을 내 안에 계속 가두어 두는 것은 이미 더 이상
겸손도 신중함도 아닌 게으름과 태만에 불과하다는 것을 알게 되었다. 나는 워
낙에 느긋하고 게으른 사람인지라 이미 많은 시간을 놓쳤다.

걷기학교를 준비하고 진행할 때마다 도움을 얻을 수 있는 책이 하나 있으
면 좋겠다고 생각했다. 정신없이 바쁜 학교 일정을 소화하면서 별도로 걷기학
교를 준비하고 진행하는 것은 쉽지 않았다. 걷기 학교 참가자들의 구성이나 상
황에 따라 다양하게 활용할 수 있는 길잡이 책이 있다면 얼마나 좋을까 하고
생각했다. 그 간절한 바람을 담아 책으로 엮게 되었다.

이 책은 걷기학교가 무엇인지, 어떻게 진행되었는지 소개하기 위한 책이
다. 그러나 걷기학교는 과거형이 아니다. 이 책을 쓰는 나의 관심은 오로지 걷
기학교의 미래에 있다. 그 걷기학교의 미래는 이 책을 읽고 무릎을 치며 아, 이
런 방법도 있겠구나!, 아이들과 이렇게 만나고, 또 이렇게 걸으면 되겠구나! 하
면서 걷기학교의 길을 떠나게 될 선생님들과 아이들의 발걸음 위에 있다. 그 발
걸음들이 걷기학교의 새로운 길들을 만들어 낼 것이다.

그 분들께 정말 드리고 싶은 말씀은 이것이다.

"망설이지 말고 지금 바로 아이들을 걷기학교로 초대하세요. 그리고 떠나

세요! 걷기학교는 어려운 것이 아닙니다. 함께 걷고, 대화하고, 놀면서 생의 순간을 함께 누리는 것입니다. 아이들을 '대상으로' 하는 것이 아니라 아이들과 '함께' 즐기는 것입니다. 걷기학교에서 돌아온 선생님도 아이들도 더 이상 예전의 관계에 머물지 않을 것입니다!"

이 책을 걷기학교 1기 원정대로 함께 한 김혜경, 이인성, 차명진, 김정아 선생님께 바친다. 이분들이야말로 내 생각과 열정 하나만으로 시작한 걷기학교가 구체적으로 그 모습을 드러낼 수 있도록 도움과 도전과 배움을 주셨다.

신능중 걷기학교를 통해 단위학교 내에서 자발성을 가진 교사들이 주축이 되어 진행하는 걷기학교가 얼마나 행복하고 풍성하게 진행될 수 있는지 보여준 문종석, 류한나 선생님께도 감사와 사랑의 마음을 전한다. 두 선생님은 내가 중국으로 간 이후에도 자체적으로 걷기학교를 풍성하게 이끌어 주셨고 특히 류한나 선생님은 그 생생한 현장의 기록을 글과 사진으로 담아 전해 주셨다.

이분들과 그리고 아이들과 함께 했던 그 지극한 기쁨의 시간을 결코 잊지 못할 것이다. 이분들과 함께 다시 걷기학교의 길에 나서게 된다면 나는 덩실 덩실 춤을 추듯 그 길을 걸어갈 것만 같다.

걷기학교라는 생각의 씨앗이 내 마음 속에 떨어지던 바로 그 순간부터 걷기학교에 대한 꿈을 축하하며, 과분한 지지와 조언, 그리고 후원을 아끼지 않으셨던 송인수 대표님께도 깊은 감사와 존경의 마음을 전한다. 아마 본인은 기억하지 못하겠지만. 그 분은 과연 푸시맨이라는 별명답게 언젠가 "선생님이 걷기학교를 제대로 하지 않으면, '사교육걱정없는세상' 대표를 마치고 내가 해버릴 것이다!"라는 농을 치며 나를 푸시(push)하셨다. 이제 이 책을 마무리하고 곳곳에서 걷기학교가 재개된다면 송인수 대표님은 마치 자신의 일처럼 그리고 아이처럼 좋아하실 것이다.

끝으로 안은경, 김은영 선생님 두 분의 이름을 마음에 새긴다. 안은경 선생님은 출간의 마지막 고비를 넘지 못해 힘겨워하던 시간 동안 변함없는 지지와 응원으로 이 원고가 책으로 세상에 나올만한 가치가 충분하다고 거듭해서 내게 상기시켜 주었다. 이 책의 최초의 독자이기도 했던 김은영 선생님은 투박한 원고를 정독해가며 거친 문장들을 보다 간결하고 명료하게 다듬어 주셨다. 두 분의 도움이 아니었으면 책 출간의 마지막 고개 어느 능선에서 주저앉고 말았을 것이니 어찌 그 고마움이 마음에 사무치지 않으랴.

내 꿈은 이분들과 함께 그리고 앞으로 만나게 될 수많은 교사들, 아이들과 함께 걷기학교의 길에 계속 나서는 것이다. 생각만 해도 벌써 가슴이 두근거리고, 입가에는 미소가 피어오른다.

책소개

1부는 주로 '걷기와 회복'을 주제로 쓴 글이다. 읽다 보면 걷고 싶어지는 글들, 같이 읽고 나누고 싶은 글을 통해 걷기에 대한 편견을 가진 아이들과 걷기학교 참가를 망설이는 아이들이 용기를 낼 수 있으면 하는 바람으로 엮었다. 걷기학교를 떠나기 전, 사전 모임에서 읽어도 좋고 첫날 저녁 모임에서 같이 읽고 생각을 나누어 보면 좋을 듯하다.

2부는 걷기학교를 시작하면서 '좋은교사 X-프로젝트'[1]에 썼던 원고들, 실제로 걷기학교를 진행했던 이야기를 모았다. 독서는 앉아서 떠나는 여행이라는 말이 있듯, 걷기학교 후기들을 읽다 보면 실제로 현장을 함께 걷는 듯한 생생한 현장감을 느낄 수 있을 것이다. 걷기학교 직후에 페이스 북 등에 올렸던 글의 경우 조금 거친 부분들도 있겠지만 그 따끈따끈했던 열기와 생생한 현장감만큼은 전달될 수 있기를 바란다.

3부는 걷기학교를 준비하거나 진행하면서 유용하게 활용할 수 있는 자료들을 모아 보았다. 프롤로그에서 말한 걷기학교의 미래를 내다보며 가장 큰 애정을 담아 준비한 장이다. 프로그램 진행에 대한 걱정 없이 편안한 마음, 설레는 마음으로 떠날 수 있는 책을 만들고 싶었던 바람에 대한 응답이 여기 3부에 담겨 있다.

프롤로그

걷기의 기쁨에서 시작된 걷기학교

걷기학교를 처음 생각하게 된 것은 2015년 육아휴직 때였다. 아침 일찍 아이들을 학교에 등교시키고 몇 가지 집안일들을 설레설레 마치고 나면 도서관으로 가서 책을 읽고 문서작업을 했다. 처음엔 도서관까지 차를 운전하고 다녔는데 도서관 주차장이 넉넉하지 않다 보니 주차할 곳을 찾기 위해 도서관 주변을 맴도는 시간들이 너무 아까웠고 점점 자동차가 거추장스럽게 느껴지기 시작했다. 그래서 자동차를 두고 그냥 도서관까지 걸어 다니기 시작했다.

이렇게 시작된 도서관까지의 도보 왕복 여정이 내게 가져다 준 유익은 실로 엄청났다. 왜 진즉 차를 세워두고 좀 더 일찍 시작하지 못했을까 하고 후회했다. 도서관까지 걸어가는 그 길이 내게는 정말 커다란 기쁨의 순간들이었고, 자유로움의 공간이자 생각들이 터져 나오고 깊어지는 사색의 시간이었다. 그 여정은 결국 걷기학교와 이 책으로까지 이어지게 되었다.

당시 내가 살던 곳은 영주산 마을 공동체가 있는 고양시 덕양구와 일산구 사이에 자리 잡은 한적한 마을이었다. 말이 수도권이지 마을 어르신들 대부분이 농사를 짓는 시골이나 다를 바 없었다. 아파트들이 밀집한 도심에서 조금만 벗어나면 논과 들판이 펼쳐지고 영주산이라는 도심 속 자그마한 산이 마을 식구들을 품어주는 곳이었다.

걷기를 시작한 첫날부터 나는 도서관까지 이르는 나만의 루트를 개발하기 시작했다. 집을 나서자마자 연결되는 영주산 산책로를 따라 걷다 보면 도심이 환히 내려다보이는 언덕이 있었다. 그 언덕의 숲 속에서 바라보는 도시의 모습은 매일 아침마다 늘 새롭게 다가왔다. 특히 도심을 벗어난 한적한 숲 속 언덕에서 도시를 내려다보노라면 바쁘고 번잡스러운 도시인의 삶이 함의(含意)하는 바를 좀 더 객관적인 시선으로 바라보는 것이 가능했다. 저 도시 안에서 바쁘게 굴러가다 보면 닳기 쉽고 나도 모르게 때 묻기 쉬운 것들이 많겠구나 하는 생각이 저절로 찾아오곤 했다. 나를 경계하며 내게 주어진 그리고 내게 주어질 시간을 어떻게 살아야 할지 아침마다 새롭게 다짐하게 되는 장소였다.

언덕을 내려가 아기자기한 마을 길을 지나면 넓은 들판을 가로지르는 농로가 펼쳐졌다. 여러 갈래의 농로들이 있었는데 나는 주로 길이 좁아서 차들이 거의 다니지 않고 인적 또한 드문 길을 선택했다. 차량 통행이 없고 인적조차 드물다 보니 그 길을 걸어가는 나 자신이 꼭 그 길의 주인 같았다. 이 좋은 길을 다니는 사람들이 왜 이리 적을까 생각하면서도 한편으론 내 자신이 그 길을 찾아낸 안목을 가졌으니 충분히 그 길을 누릴 자격이 있다고 자부했다.

음악을 들으며 걷기도 하고, 마음 내키는 대로 노래를 내지르기도 하고, 그러다가 또 배낭에 챙겨간 책도 꺼내어 읽으며 걸었다. 책을 읽다가 마음에 와 닿은 구절이나 어려운 대목을 만나면 큰 소리로 낭독하며 걸었다. 낭독을 하며 책을 읽으면 어려운 내용도 한결 쉽고 명료하게 이해가 되는 경험도 할 수 있었다.

한적한 농로를 계속 따라 걷다 보면 북한산에서 발원해서 한강으로 흘러드는 창릉천2이 나타났다. 나는 이쪽 농로와 저쪽 농로를 이어주는 창릉천 다리 위에 서서 도심에서 보기 힘든 백로며, 오릿과의 크고 작은 새들을 관찰했다. 내가 그곳을 지날 때마다 어김없이 그 자리에 있는 새들이 길동무라도 되는 듯 반가웠다. 그곳까지 걸어오는 동안 이미 마음이 즐거워진 내 두 눈엔 새들 뿐만 아니라 세상 대부분의 것들이 반갑고 밝게 보였다.

그렇게 걷다 보니 이전에 내가 걸었던 길들, 그리고 그 길을 걸으며 몸으로 만났던 세상에 대한 기억들이 무의식으로부터 다시 의식의 수면 위로 떠올랐다. 기억에서 거의 완전히 사라지다시피 했던 유년 시절 걸었던 고향의 길이 생각났고, 그 길을 함께 걷던 사람도 떠올랐다. 다른 기억들은 사라졌어도 내 두 발로 걸었던 길들과 어린 몸으로 만났던 세상은 내 존재 깊숙이 새겨져 있음을 알게 되었다. 또한 나그네처럼 떠돌아다닌 외국 여행 중에서도 가장 기억에 남는 시간, 그리고 여행자의 행복을 가장 크게 만끽할 수 있었던 시간은 역시 이국의 낯선 도시들을 자유롭게 걸었던 시간임을 다시 기억해내곤 했다.

걸으면서 전신에 온기가 돌고 몸이 편안해지니 생각도 자유롭게 확장되어 갔다. 사방팔방으로 뻗어나가던 생각들이 '마침내 이렇게 좋은 걷기를 교육과 혹은 학교와 접목시킬 수 있는 방법은 없을까?' 하는 지점에까지 가 닿게 되었다.

혁신 학교에서 여러 해 동안 학생생활부장의 역할을 하다 휴직을 한 상태였기에 학교에서 반복적으로 갈등을 불러일으키는 아이들과 실랑이하던 버거움과 괴로움이 떠올랐다. 여러 아이들의 얼굴이 떠오르면서 그 아이들과 걷기를 해보면 어떨까 하는 막연한 생각을 하자 가슴이 콩닥거리기 시작했다.

그러나 이런 생각 뒤에 어김없이 우려의 목소리가 내 안으로부터 들려왔다. 내가 걸으면서 이렇게 좋은 이유를 들여다보면 온전한 자유로움과 구애받지 않음, 그리고 가고 싶으면 가고, 서고 싶으면 서고, 바라보고 싶은 것들을 내 마음 대로 선택할 수 있는 온전한 나의 선택권으로부터 오는 것인데 아이들이 자발적으로 선택한 걷기가 아닌 교사의 권유에 의해 걷게 되었을 때도, 또한 홀로가 아닌 누군가와 함께 걸을 때도 이런 걷기의 기쁨과 유익을 만날 수 있을까 하는 우려였다.

그럼에도 불구하고 걷기야말로 몸과 마음이 가장 효율적으로 만나는 활동, 육체와 정신의 가장 이상적인 결합이라는 확신에는 변함이 없었다. 그리고 걷기가 우리의 몸과 정신에 건강한 영향력을 끼친다는 것을 증명하기라도 하듯 당시에 올레길, 둘레길, 바우길 등의 숱한 걷기코스들 및 걷기 열풍이 들불처럼 번지고 있었다.

걷기에 **빠져든** 나는 걷기와 관련된 숱한 책들을 닥치는 대로 사들였고 걷기학교에 대한 꿈을 계속 키워갔다. 그러나 걷기에 대한 이런 눈뜸과 열정이 실제로 아이들과 함께 걸으며 그 아이들을 돕는 걷기학교로는 쉽게 연결되지 않았다.

그러던 중 교사 계절 피정 프로그램에 참여하고 오는 길에 프로그램 진행자였던 김찬호 성공회대 교수님과 동행하게 되었는데 걷기학교에 대한 내 아이디어를 들더니 『쇠이유, 문턱이라는 이름의 기적』3이라는 책을 소개해 주셨다. 오는 길로 당장 그 책을 사서 읽어보았다. 내가 처음에 구상했던 걷기학교, 즉 교사와 학생이 멘토-멘티가 되어 함께 걷는다는 아이디어는 매우 비슷했다. 하지만 스케일이 달랐다. 며칠이 아니라 몇 달에 걸쳐 유럽 전역을 걷는 프로그램이었다. 그런데 이 프로그램 역시 저자인 베르나르 올리비에의 고유한 독창적 아이디어가 아니라 그가 산티아고 길을 걸을 때 만났던 벨기에의 오이코텐4에서 영감을 얻은 것이었다.

지금껏 걷기학교를 생각할 때마다 안단테로 뛰던 가슴이 프레스토로 뛰는 것을 느꼈다. 도보 여행을 통한 교화 프로그램들이 이미 유럽에서 이렇게 거대한 스케일로 진행되고 있었다는 사실을 알고 나니 '걷기학교'라는 아이디어를 떠올린 나 자신이 어떤 심오한 통찰력을 갖고 있었음을 입증하기라도 한 듯 혼자 속으로 뿌듯해했다. 그리고 신뢰할 수 있는 사람들을 만나면 그 때마다 나의 계획에 대해 말하고 다녔다. 당장 교직을 그만 두고 걷기학교를 시작할 기세였다.

그러나 아무 것도 준비되어 있지 않은 백지 상태에서 아이디어 하나만으로 당장 교직을 그만두고 걷기학교를 시작하겠다는 결심과 발언은 공허하고 무모한 것이었다. 모두가 반대했다. 특히 아내의 최후 통첩성 발언은 이상의 세계로부터 다시 현실로 돌아오게 하기에 조금의 부족함도 없었다. 내가 넘어야 할 가장 큰 장벽은 다른 사람이 아니라 바로 '나 자신'이었다. 직관과 아이디어는 있는데 그것을 실천할 구체적인 전략과 조직적인 사고, 한번 시작하면 끝을 보고야 마는 끈질김이 없으니 반대하는 주변 사람들을 끝내 설득하지 못했다.

힘들어하는 아이들을 돕고자 하는 뜻을 품었으나 실천으로 옮길 방법을 찾지 못해 고민하며 안타까워하며 복직 후의 학교생활을 이어갔다. 그러다가 사단법인 좋은교사에서 주관하는 X-프로젝트가 도화선이 되어 마침내 걷기학교를 시작할 수 있었다.

돕는 손길들도 생겨났다. 이전에 덕양중학교 학생생활부에서 오랜 기간 호흡을 맞추며 다양한 생활지도의 방법들을 모색하고 실행해 오던 두 분의 선생님께서 함께 돕겠다고 하셨고, 또 연수를 통해 만났다가 서로의 인간적인 매력에 끌려 연수 후에도 정기적으로 독서모임을 이어가던 선생님과 마지막으로 해마다 아이들을 데리고 지리산 종주를 진행해 오던 대안학교의 선생님 한 분이 함께 하셨다.

모두 다년간 아이들 생활지도의 최전선에서 치열하게 부딪히며 열정적으로 살아온 분들이었다. 어떻게 하면 아이들의 마음을 얻을 수 있는지, 어떻게 해야 그들과 소통하며 그들의 세계로 들어가 선한 영향력을 발휘할 수 있는지 알고 있는 준비된 분들이었다. 아이디어 하나만으로 시작한 걷기학교가 탄력을 받을 수 있었던 것은 그 분들의 교사로서의 성품과 역량에 힘입은 바가 컸다.

걷기학교가 결국 프로그램이나 방법론의 문제가 아니라 사람의 문제라는 것을 그때 배웠고 확신했다. 학교 안팎에서 방황하는 아이들에 대한 안타까움과 긍휼의 시선을 가진 교사, 걷기학교를 통해 그 아이들이 스스로 변화의 계기를 만들어 갈 수 있도록 돕고 싶은 자원하는 마음을 가진 교사가 걷기학교의 핵심이라는 것을 마음에 깊이 새겼다.

처음 시작이 어려워서 그렇지, 첫 걸음을 떼고 나니 이후로는 일사천리였다. 아무리 좋은 뜻을 품은 일이라 해도 즐거움이 없거나 또 그 일을 함께 하는 사람들 사이에 신뢰와 친밀감이 없으면 나는 금방 시들해지고 마는 성격인데 걷기학교는 일이 아닌 좋은 사람들과 떠날 수 있는 설레는 여행으로, 그리고 축제처럼 다가왔다.

학교에서 하는 여느 다른 생활지도 방법들, 가령 교내봉사와 같은 일들은 시작도 하기 전에 벌써 부담스럽고 하면서도 보람이 없고, 끝난 뒤에는 다시는 하고 싶지 않은 경우가 대부분이었다. 하기 싫지만 누군가는 어쩔 수 없이 해야만 하는 일 그 이상도 이하도 아니었다. 그러다가 간혹 교사의 지도에 불응하는 아이들을 만나서 마음을 다치기라도 하면 내가 왜 교사가 되었던가 하는 자괴감과 당장 교직을 때려치우고 싶은 낙심의 쓰나미에 시달려야만 했다.

그러나 신기하게도 걷기학교를 마치고 돌아오는 날이면 함께 했던 선생님들끼리 벌써 다음 후보지를 물색하며 신이 나 있었다. 걷기학교에 함께 했던 아이들을 다시 초대한 사후 모임에서 듣는 아이들의 고백과 피드백도 기대 이상이었다. 2박 3일이라는 짧은 시간이지만 진한 만남을 통해 마음을 주고받은 아이들은 각자의 학교로 흩어졌다가 다시 만나는 것만으로도 행복해 했다. 사후 모임에서 소감을 나누는 아이들의 생각과 모습은 분명 한 뼘 더 성장해 있었다.

학교에서 바쁘게 흘러가는 수많은 날 중 겨우 시간을 내어 2박 3일, 그것도 안되면 1박 2일이라는 짧은 일정으로 다녀오는 걷기학교! 그럼에도 불구하고 걷기학교에 초대할 아이들을 놓고 고민을 시작할 때부터 걷기학교를 마무리하는 모든 과정 속에는 예기치 않았던 '기쁨'이 관통하고 있었다. 이 글의 제목처럼 걷기학교는 처음에 단순히 걷기의 기쁨에서 착안 되었다. 그러나 사랑으로 초대한 아이들 그리고 동료들과 '함께 걷는 공동체'를 이루어 길을 가고 삶을 함께 나누면서 학교에서는 한 번도 보지 못했던 아이들의 속마음과 진심을 알게 되는 깊은 만남으로까지 확장되었다.

나는 걷기학교를 기쁨의 학교라고 정의하기를 주저하지 않는다. 길이 주는 기쁨! 이 속에서 교사와 학생, 어른과 아이라는 경계를 넘어 환대와 사랑으로 어울리는 기쁨이 없다면 그것을 걷기학교라고 말할 수 없을 것이다. 그것은 단지 걷기 행군이었거나 혹은 걷기 여행이었을 것이다.

나는 이 기쁨의 학교가 수 천, 수 만 갈래의 아름다운 길을 가진 우리나라 방방곡곡에서 진행되길 소망한다. 그 길 위에서 숱한 기쁨의 만남들이 만개하듯 피어날 것이다.

제1부

걷기도의 초대

걷기로의 초대

답답한 일상으로부터 뭔가 '출구'가 필요한 아이들이 있다면, 그런데 그 출구가 게임, 흡연, 성적 방종 내지는 폭력적인 행동과 같은 더 큰 나락으로 떨어지는 도피성 출구가 아니라 자신의 내면의 목소리와 만날 때 찾아오는 충만함을 경험하는 출구가 될 수 있다면, 그 출구는 무엇일까? 어디에 있을까?

그러려면 그 출구는 '도시'보다는 '자연'에 있을 것이며, 그들에게 익숙한 어떤 짜릿한 외적 자극의 시간 속에 있기보다는 가만가만 자신을 만나게 되는 내면적 사색의 시간에 있을 것이다. 하지만 시시각각 변하는 날씨처럼 변덕스러운 감정과 단지 머리로만 이해하고 경험하게 되는 우리의 일상은 그런 출구를 마련해 주지 않는다.

우리는 온 몸(whole person)으로 세상을 만나고, 온 몸을 세상 속에 참여시킬 - 즉 나의 모든 감각을 일깨워 세상과 정면으로 만나게 될 때 - 비로소 쉽게 퇴화되지 않는 바위처럼 묵직한 어떤 기억, 체험, 배움과 같은 것들을 얻게 된다. 긍정적이든 부정적이든 그것은 의식과 무의식을 넘나들며 나의 온 몸 속으로 들어와 박혀서 이전과는 다른 시각과 안목과 느낌으로 세상과 사람을 해석하고, 그 결과 새롭게 해석된 세상을 살아가도록 지속적인 영향을 미치게 된다.5

내가 생각하는 이 출구는 바로 '걷기'이다.

한 인간이 스스로 자신의 고요한 마음을 만나기란 얼마나 어려운가! 하물며 매일 질풍노도의 시간을 정주행하고 있는 아이들이 자신의 마음, 자신의 느낌과 욕구를 헤아리며 그것들이 투명하게 드러나고 표현되는 고요한 시간을 갖기란 거의 불가능에 가깝다. 학교 성적, 스마트 폰, 친구 관계를 유지하기 위한 스트레스, 사랑하지만 상처를 더 많이 받는 가족들. 이 모든 것으로부터 자유로울 수 있는 고요한 시간, 그러면서도 물이 오를 대로 오른 이팔청춘의 육체가 본능적으로 감지하는 움직임(살아있음)의 욕구를 동시에 충족시켜주는 활동이 바로 '걷기'라고 생각한다.

자신조차 스스로의 마음을 알아차리지 못해 자신과 가족 그리고 학교 공동체에 지속적인 고통과 상처를 끼치는 아이들이 '걷기 학교', '걷기 선생님'을 통해 이전과는 다른 세상을 만날 수 있는 출구를 찾을 수 있다면. 이는 그토록 유명하다는 어느 순례길을 완주하거나 엄청난 거리의 트레킹 코스를 주파하는 것 못지않게 아름답고 위대한 발걸음일 것이다.

아이들을 걷기학교에 초대하고 그 아이들의 파수꾼이 되어 그들과 함께 걷고 생각하고 대화하며 동행하는 그 발걸음은 얼마나 복되고 귀한가!

걷기학교가 시작되는 날 새벽에 동행하는 선생님들께 드린 글

걸어가는 내 자신이 행운이므로

걷기학교에서 걷기를 시작할 때 걷기에 대한 부담이나 두려움을 가진 아이들에게 동기부여를 하기 위해 함께 읽는 시가 있다.

열린 길의 노래

월트 휘트먼

두 발로 마음 가벼이 나는 열린 길로 나선다
건강하고 자유롭게, 세상을 앞에 두니
어딜 가든 긴 갈색 길이 내 앞에 뻗어 있다.
더 이상 난 행운을 찾지 않으리.
걸어가는 내 자신이 행운이므로
더 이상 우는 소리를 내지 않고, 다투지 않고
불평도, 걱정도, 시비조의 원망도 집어 치우련다.
기운차고 만족스레 나는 열린 길로 여행한다.
대지(大地), 그것이면 족하다.

걷기가 안겨주는 만족감, 해방감을 이렇게 잘 표현해 낸 시를 아직은 보지 못했다. 매 구절이 아름답지만 무엇보다 걸어가는 내 자신이 행운이라는 말, 그러므로 더 이상 다른 행운을 찾지 않겠다는 고백이야말로 걷기가 주는 최고의 행복과 무욕(無慾)의 경지를 절묘하게 표현한 것이다. 이 시는 아이들에게 읽어주기 전에 먼저 나를 위해 읽는 시이며, 또한 나의 체험으로부터 격하게 우러나와 깊이 공감하게 되는 고백이기도 하다.

한창 혈기 넘치던 20대 초반 군복무 시절 전역을 얼마 안 남기고 이웃 중대와 소위 '전투 축구'라는 것을 하다가 그만 발목이 부러진 적이 있었다. 극심한 고통을 참고 통합병원으로 후송되었지만 군의관은 붓기가 너무 심해 수술을 할 수 없다며 수술을 해주지 않았다. 붓기가 가라앉을 때까지 며칠 더 기다리라고 해서 다친 다리를 심장보다 높게 고정시켜 놓은 채 옴짝달싹 못하고 침대에 누워만 있었다. 뼈가 부러져 있는 상태에서 조금만 움직여도 그 통증이 전신으로 전해졌다. 누워있는 감옥이 따로 없었다. 그 답답함에 대한 기억은 지금도 생생하고 아찔하다. 내 생애 가장 길게 느껴지는 시간이었다.

하지만 이 와중에도 다친 발목이 나아서 다시 축구를 하려면 얼마나 시간이 걸리겠냐고 군의관에게 물었다가 호된 질책을 당했다. 다리가 완전히 정상적으로 회복이 될지 여부도 불투명한데 공을 차다가 다쳐서 들어온 주제에 다시 축구 이야기를 한다며 크게 핀잔을 들었다.

"수술이 잘 될지 어떨지는 해봐야 안다, 온전한 상태로 회복되지 않을 수도 있다."

군의관의 이 말이 그만 가슴에 와서 박히고 말았다. 괜히 겁주는 말이겠지 하고 생각하면서도 만에 하나라도 경과가 좋지 않으면 평생을 온전하게 걸을 수 없을지도 모른다는 불안감이 나를 엄습했다.

그렇게 누워서 불안감에 시달리며 국군통합병원 창밖으로 보았던 풍경을 오랜 시간이 흐른 지금도 나는 생생하게 기억한다. 군화를 신은 채 아침 구보를 하며 달려가던 한 무리의 건강한 병사들을. 다리가 조금만 흔들려도 절로 입에서 신음이 터져 나오는 통증에 시달리던 나에게 그 뻑뻑한 군화 속으로 억세게 발목을 밀어 넣는 상상, 그런 다음 온 체중을 실어 두 발로 땅을 내딛는 그런 모습은 상상만 해도 극심한 통증이 온 몸을 휘감아 왔다. 군화를 신고 걷거나 뛰어가는 그들의 모습 자체가 신기했고 마치 기적처럼 느껴졌다. 그들이 나와는 너무나 다른 특별한 세계에 사는 사람들인 양 낯설게 느껴졌다. 정작 그 젊은 군인들은 아침마다 의무적으로 해야만 하는 그 구보가 지긋지긋했을 것이며 하루라도 빨리 제대해서 그런 것들로부터 해방되기만을 손꼽아 기다리고 있었을 것이다. 그러나 그 일상적인 걷고 뛰는 행위가 나에게는 가슴 졸이며 기다려야 하는 미래의 꿈이자 소원이었다.

돌아보면 자신의 두 발을 움직여 자신이 가고자 하는 곳으로 자유롭게 나갈 수 있는 걷기의 가치와 소중함에 대해 눈을 뜨게 된 것이 그 불편하고 고통스러웠던 병상에서 얻은 최고의 선물이었던 셈이다. 뿐만 아니라 곧 제대 후 이어질 복학이며 미래의 진로와 취직에 대해 고민하고 염려하던 중에 온전히 걸을 수만 있다면, 내 맘대로 몸을 움직일 수만 있다면 이 세상에서 못해 낼 일은 없다는 데 생각이 미치자 그러한 염려와 걱정으로부터도 마음이 해방됨을 느꼈다.

걸어가는 내 자신이 행운이라는 고백은 그 시절, 그 때로만 국한되지 않는다. 오히려 그 고백은 더욱 깊어졌다. 나는 내 몸의 일부가 되어버린 배낭을 등에 메고 걷기 위해 집 밖을 나설 때마다 걷는 자가 누리는 이 행운에 깊이 감사하며 미소를 지으며 걸어 나간다. 걸어가는 내 자신이 행운이므로 다른 행운을 찾지 않겠노라 다짐하면서.

이 다짐과 고백이 얼마나 나를 자유롭게 하는지, 얼마나 나를 기쁨으로 비워주는지 다 말할 수 없다. 걷기라는 이 행운과 은총의 경험 속으로 더 많은 아이들을 초대하고 싶다.

내가 걸을 수 없는 이유

걷기가 주는 넉넉한 선물을 잘 알면서도 왜 일상 속에서 더 자주 걷지 못하는 것일까? 걷기 또한 세상의 모든 다른 가치 있는 일들과 마찬가지로 걸어야 할 이유와 그것을 능가하는 수많은 걸을 수 없는 이유가 있다.

오늘은 자동차를 타지 말고 걸어볼까 하는 마음을 먹었다가도, 하필 그 날따라 가방이 너무 무겁다거나, 날씨가 별로 좋지 않다거나 혹은 컨디션이 좋지 않다는 이유를 들어 걷기를 미루고 안락한 자동차나 탈 것에 몸을 맡긴다. 대신 내일은 꼭 걸을 것이라 다짐한다. 그러나 오늘 나의 걷기를 단념시킨 이유가 내일이 된다고 어디로 사라지는 것은 아니다. 그 이유는 여전히 내 곁을 따라다니는데다 제법 명분이 있어서 그 명분에 자주 속는다. 하지만 실제로 걷기 시작했을 때 내가 그때까지 걸을 수 없다고 여겼던 이유가 사실은 별것 아니었음이 드러난다.

2018년 어느 봄 날 나는 중국 대련에 있는 민족대학이라는 곳에서 중국어 수업을 듣고 집으로 가기 위해 정류장에서 버스를 기다리고 있었다. 버스 정류장 맞은편에는 동우령(童牛嶺)이라는 고갯마루로 이어지는 산책로가 있었다. 고갯마루까지만 오르면 발해만의 탁 트인 바다 풍경이 시원하게 펼쳐지는 멋진 곳이어서 사람들에게 인기가 많았다. 중국어 수업을 마치면 나는 자주 그 고갯마루를 넘어 바닷길을 따라 집까지 걸어가곤 했다.

하지만 그 날 따라 몸 상태가 별로 좋지 않았다. 일단 그렇게 스스로 내 몸의 컨디션에 대해 진단을 하고 나니 집까지 걸어가야 할 길이 그날따라 참 멀게 인식되었다. 나는 그냥 버스를 타고 가기로 했다. 그런데 한참을 기다려도 버스가 오지 않았다. 나는 점점 지루해지면서 좀이 쑤시기 시작했다. 그냥 걸어가 버릴까? 하고 생각도 해보았지만 정말 그날은 늘 휴대하고 다니는 노트북과 여러 권의 중국어 수업 교재들까지 담긴 배낭이 무거웠다. 그에 비해 몸의 컨디션은 좋지 않게만 느껴졌다.

그럼에도 나는 걷는 자에게 복이 있다는 평소의 신념과 의지를 총동원해서 발걸음을 옮기기 시작했다. 하지만 이미 발걸음을 옮겨 걷기를 시작한 와중에도 연신 고개를 돌려서 혹시라도 버스가 오는지 확인하고 있었다. 기다리던 버스가 멀리서 보이면 언제라도 뛰어가서 버스에 올라탈 생각이었던 것이다.

그러나 버스는 오지 않았고 나는 버스정류장으로부터 점점 멀어져 갔다. 그렇게 이제는 버스가 온다 해도 다시 뛰어가서 버스에 올라탈 수 있는 거리와 가능성으로부터 완전히 멀어졌다. 그런데 바로 그 순간부터였다. 탈것에 대한 가능성과 미련이 사라지자 이내 마음이 자유로웠다. 비유하자면 내 마음이 그 무엇에 포로로 잡혀 있다가 홀연히 그 사슬로부터 벗어나 자유인의 신분이 된 것 같았다. 방금 전까지만 해도 걷기에 부적합하다고 단정했던 몸 상태도 아무런 문제가 없었다. 산책로를 따라 본격적으로 걷기 시작하니 초봄에 이제 막 돋아나기 시작한 보드랍고 여린 나뭇잎들이 찌푸둥했던 내 몸을 깨우는 듯, 반기는 듯 천천히 나의 행복감을 끌어 올려 주었다. 한발 한발 내딛는 발밑에서 산책로 우드워크가 기분 좋게 울렸다. 발끝에서 전해진 온기가 온 몸으로 퍼져 나가니 체온이 오르고, 체온이 오르며 몸이 회복되자 다시 머리가 맑아졌다.

이제는 공간에 대한 인식이 완전히 역전되어 있었다. 버스를 타야겠다고, 아니 버스를 탈 수 밖에 없는 몸 상태라고 그렇게 스스로 마음먹었을 때는 편하게 앉아서 갈 수 있는 버스 안의 의자라는 공간이 가장 안락한 최적의 공간이었다. 그에 반해 내가 걸어야 할 길은 걷다가 쓰러질 수도 있는 불안한 공간이었다.

그러나 이제는 버스 안이라는 공간이 답답하고 멀미나는 어지러운 공간으로 그 가치가 하락한 반면 적당하게 내리쬐는 햇볕과 나무들이 잘 어우러져 있는 길은 생동하는 봄날의 희열을 마음껏 누릴 수 있는 최고의 공간이었다. 내가 걷기를 선택하자 길도 나의 선택에 대해 보답을 해 주었다.

이날의 경험은 내가 실천해야 할 가치 있는 행위로서의 일상 속 걷기에 대해 매우 명료한 교훈을 남겨 주었다. 걷기란 내가 노력하지 않아도 늘상 저절로 내 몸이 원하고 실천하게 되는 것은 아니라는 점이다. 내 몸과 마음은 내가 걸을 수 없는 이유를 끊임없이 만들어 낸다. 그 이유가 옳을 때도 있겠지만, 이날의 경험에서처럼 그 이유라는 것의 '허구'가 금방 드러나는 때가 많다. 가짜 이유가 많다는 뜻이다.

내가 걸을 수 없는 진짜 이유는 나의 부실한 몸이라기보다는 문명이 우리의 몸과 정신에 깊이 새겨 넣은 효율성과 안락함의 습관이다. 문명이 주는 안락함에 매여 있는 마음의 사슬을 끊고 길 위에 나서는 순간 나는 진정한 자유인이 된다.

누구나 저절로 걷게 되는 것은 아니다. 특히 일상 속에서의 걷기란 더욱 그렇다. 걷기란 내가 끊임없이 선택하는 고귀한 실천인 것이다.

만남과 환대

2019년 여름, 산티아고로 가는 길을 걸을 때의 일이다.

그곳에서 이름이 올리버(Oliver)라 하는 터키계 독일 청년(아저씨)을 만났다. 그는 그냥 자기 이름을 올리(Oly)라고 소개했고 나도 그렇게 불렀다. 나중에 친해져서야 그의 정식이름을 알게 되었지만 처음엔 친해질 마음도 관심도 전혀 없었다.

대머리에 덩치는 산만하고 우락부락해서 호감이 가는 스타일과는 거리가 멀었다. 게다가 서로 당혹스럽고 약간은 불쾌한 경험으로 첫 대면이 시작되었으니 그런 그가 이번 산티아고 순례길 첫 여정에서 만난 최고의 길동무가 되리라 어찌 상상이나 했겠는가.

아침 7시에 걷기를 시작해서 저녁 7시 30분까지 가장 길고도 먼 길을 걸었던 날, 숙소에 도착하니 피곤이 파도처럼 몰려왔다. 식사와 샤워를 겨우 마치고 침대에 몸이 닿는 순간 그대로 뻗어버렸다.

기절하듯 자고 있는데 갑자기 억센 손이 나를 흔들어 깨웠다. 올리였다. 내 전화기에서 울리는 단체 카톡방 알림 사운드가 시끄럽다는 것이다. 몽롱한 상태로 전화기를 찾아서 전원을 끄고 다시 침대에 누우니 민폐를 끼쳤다는 생각에 미안하면서도 또 다른 한편으론 피곤과 짜증이 몰려왔다. 이렇게 무례하게 사람을 깨우다니! 하여 다음 날 아침 별 감흥 없는 몇 마디의 대화를 나누고 우리는 각자의 길을 나섰다.

오늘도 어제처럼 걷기의 황홀을 만끽하며 마치 걷기에 취하기라도 한 듯 그렇게 걸어 보리라 다짐을 하고 가는데 뭔가 조짐이 이상했다. 어제 느꼈던 걷기의 황홀함은 잘 느껴지지 않고 자꾸만 걷기의 불편함이 감지됐다. 이건 뭐지? 하고 생각하는 순간, 아뿔싸! 하고 뒤통수를 때리는 단어가 생각났다. 바로 '물집'이었다.

전날 한 마을만 더, 한 마을만 더 하고 욕심을 내서 걸었더니 몸이 귀신같이 알아차리고 발바닥에 물집이라는 즉각적인 증상을 보인 것이었다. 걸을 때마다 물집 잡힌 부분들이 실룩거려서 거북하고 불편했다. 무엇보다 앞으로도 걸을 날들이 많이 남았다는 사실에 더 걱정스러웠다. 다음 도시에 도착하는 대로 약국을 찾아가리라 생각했다.

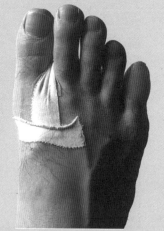

한참을 걸어 로스 아르코스(Los Arcos)라는 작은 도시의 초입에 도착했다. 올리가 작은 바(Bar)의 야외 테이블에서 브런치를 먹고 있었다. 그냥 그를 지나쳐 도시의 중앙에 있는 넓은 광장에서 나는 나대로 식사를 하고 약국을 찾아다녔다. 그런데 하필이면 일요일이었다. 문을 연 약국이 없겠구나 싶어 난처해하는 중에 저만치 걸어오는 올리가 보였다. 길에서 서성이는 나를 보더니 무슨 일이 있냐고 물어왔다. 내 사정을 말했다. 그 후에 일어날 일들을 전혀 짐작도 하지 못한 채로.

이야기를 듣더니 그는 광장의 성당 앞에 있는 벤치로 나를 데려갔다. 그러더니 자기 배낭을 열고 주섬주섬 뭔가를 꺼내기 시작했다. 배낭에 들어 있던 거의 절반에 가까운 짐들을 들어낸 후에야 그가 손에 집어든 것은 약품 상자였다. 그 안에는 소독약, 연고, 밴드, 반창고, 가위뿐만 아니라 물집을 피어싱하는 데 사용하는 핀까지 들어 있었다.

솔직히 말하건대 나는 그의 약품 상자를 보는 순간 벌써 거의 절반은 나은 것 같았다. 계획적이지도, 준비성이 뛰어난 것도 아닌 나로서는 그렇게 제대로 갖춰진 약들과 도구들을 보는 것 자체가 경이였다.

너는 하늘이 나를 위해 보내준 천사임에 틀림없다(You must be an angel from heaven!)고 했더니 자신은 하늘이 아니라 독일에서 온 천사(an angel from Germany)란다. 그래서 독일 사람들은 다들 너처럼 이렇게 준비성이 철저하냐고 물었더니 돌아오는 대답이 재미있다. 독일 사람들은 어떤 일을 하기 전에 너무 계획과 생각을 많이 해서 실제로 행동으로 잘 못 옮긴다고 했다. 나는 쟁쟁한 철학자들과 사상가들을 배출한 나라인 독일이 연상되어 킥킥거리며 웃었다.

그래도 너는 계획만 하지 않고 실제로 이곳까지 와서 걷고 있으니 대단한 거 아니겠느냐고 했다. 그가 다시 뭔가 대꾸를 했는데 내용은 기억나지 않는다. 다만 내가 다시 깔깔거리며 웃었다는 기억만 남아 있다.

그는 핀을 라이터로 소독하더니 나더러 물집 잡힌 부분을 터트리라고 한 후에 그 자리에 소독약을 뿌리고 연고를 발라 주었다. 그런 다음 밴드와 반창고로 마무리를 했다. 능숙하게, 서글서글하게 말이다.

내 발을 치료하는 손길이 예사롭지 않다고 하니 자주 하는 일이라서 익숙하다고 했다. 알고 보니 독일 농구 2부 리그에서 선수로 뛰었고 지금도 청소년 농구팀을 파트 타임으로 맡고 있는 농구 코치였다.

크고 우락부락한 그의 덩치와 서글서글한 성격, 호방한 면모 등 모든 것이 자연스럽게 연결되면서 그에 대해 알아가기 시작했다. 그에게 가졌던 비호감이라는 꼬리표와 편견은 이미 사라진지 오래였고 '역시 사람을 겉모습으로 판단해서는 안 돼!' 하는 마음의 소리가 그의 치료를 받는 내내 머릿속에서 메아리 쳐 울렸다.

치료를 마친 후에 그는 자신의 연고를 작은 지퍼 백에 덜어 나에게 주었고, 반창고도 뜯어서 내가 가지고 있던 작은 병에 둘둘 감아 주었다. 앞으로 이것들이 더 필요할 것이라면서.

생각해 보면 약국 문이 열렸고 내가 약국을 찾았다 한들 올

리가 내게 해준 것 이상의 치료와 대접은 받
지 못했을 것이다. 약국에서는 그냥 약만 팔
면 그만이니까.

　　그런 정성어린 치료와 환대를 받고 가
만있을 수 없어서, 그리고 나의 염치없음을
조금이라도 만회하고 싶어서 나도 그를 데리고 근처의 바(bar)로 가서 상그리아
(Sangria-와인에 레몬과 얼음을 더한 스페인식 알콜음료)를 샀다. 우리는 함께 건배를 했다.
스페인에 와서 처음 마신 상그리아였다. 그 후로도 이보다 더 달콤한 상그리아
는 맛보지 못했다.

　　이것이 계기가 되어 이후로 까미노를 떠나올 때까지 대부분의 여정을 그
와 함께 동행했다. 올리를 만나기 전까지는 길에서 순례자들을 만나도 어디서
왔냐? 순례길에 온 목적은 무엇이냐? 는 등의 몇 마디 대화를 나누고 나면 좋은
순례길이 되길 바란다는 뜻의 부엔 까미노!(Buen Camino!)를 외치고 다시 헤어져
걷기를 반복했었다.

　　그럴 수밖에 없는 것이 까미노에 온 사람들은 대개 자기만의 생의 숙제 내
지는 굵직한 고민거리 하나씩 들고 오는 경우들이 많다. 이곳에까지 와서 다시
새로운 인간관계로 얽히기보다는 그냥 조용히 명상하듯 걸으며 자신의 내면
과 만나고 싶어 하는 것이다.

　　나 역시 그 무엇에도 구애받지 않고, 그 누구에게도 신경 쓸 필요 없이 내
가 걷고 싶을 때 걷고, 멈추고 싶을 때 멈추고, 웃고 싶을 때 웃고, 울고 싶을 때
울 수 있는 온전한 자유로움과 고독이 걷기의 핵심 가치라는 것을 확고하게 믿

는 부류의 사람이었다.

그런데 그런 나의 강한 신념과 가치체계를 가볍게 걷어내고 그가 나의 여정 속으로 성큼 들어온 것이다. 당연히 그날 이후의 나의 순례길 걷기는 완전히 달라졌다.

우리는 함께 걷고, 실없는 농담을 주고받으며 깔깔거리고, 같은 알베르게의 바로 옆 침대에서 나란히 잠을 자고, 도시에 도착하면 같이 장을 보고 함께 요리를 해서 저녁을 먹었다. 우리는 자신도 모르는 사이 서로 깊은 영향을 주고받고 있었다. 한참 길을 걷고 난 후에 쉬어갈 때면, 그는 웃통을 벗고 일광욕을 즐기는 동안 땀에 젖은 옷을 널어서 말리곤 했다. 일광욕을 좋아하는 전형적인 유럽인으로서 지나가는 사람들을 전혀 신경 쓰지 않았다. 그 모습이 그리 좋아보이지는 않았는데도 어느 순간부터인가 그를 따라 하고 있었다. 땀에 젖은 상의를 벗어 말리우고 일광욕을 즐기며 시원한 바람을 맞으니 기분이 그렇게 좋을 수 없었다. 이 좋은 것을 진즉에 따라할 것을!

신기한 것은 그의 농담 코드가 나와 놀랄 정도로 비슷하다는 것이었다. 어느 날, 로그로뇨(Logrono)라는 도시의 알베르게에서 함께 저녁 식사 준비를 했다. 그는 바게트 사이에 넣어서 먹을 샐러드를 만들었고 나는 오믈렛을 시도하고 있었다. 그런데 양이 무척 많았다. 올리는 키친에 들어오는 사람들마다 말을 건네며 우리가 만든 음식이 넉넉하니 같이 먹자고 초대했다. 그런데 사람들마다 노, 땡스(No, thanks!)를 외치며 사라지는 것이다. 그런 일이 몇 번 반복되자 올리가 내게 웃으며 말했다.

"우리 두 사람에게서 무슨 냄새가 나는 게 틀림없어!"

어떤 상황을 익살맞게 해석해서 툭툭 던지는 그의 농담들로 나는 연신 낄낄거렸다. 호텔에서나 먹을 수 있는 맛난 오믈렛을 만들어 주겠다고 큰소리쳤던 나는 결국 용두사미로 에그 스크램블을 만드는데 그치고 말았지만 그런 것이 전혀 문제가 되지 않았다.

여행 내내 편안하고 가식 없는 그리고 유쾌한 동행이었다. 그와의 작별을 예감한 마지막 악수를 할 때 이제 그를 다시 보지 못할 거라 생각하니 왈칵 눈물이 쏟아질 것 같았다. 겨우 참고 진한 허그를 나눴다. 나로서는 참으로 '뜻밖의(unexpected)' 만남이었다.

예민한 구석이 많은 내가 그렇게 허물없이 올리와 어울릴 수 있었던 것은 소위 말하는 그와 나 사이의 케미가 잘 맞았기 때문일 것이다. 그러나 중요한 것은 그가 내게 베풀어 주었던 그 최초의 환대와 친절이 없었다면 나는 그에 대해 가졌던 선입견을 극복하지도 못했을 것이고, 이후로 그와의 동행이 열어 준 새로운 차원의 세상 구경도 하지 못했을 것이다. 올리가 아니었으면 경험할 수 없었던 에피소드와 배움들이 참으로 많았다. 하지만 그것들에 대해 말하려는 것이 이 글의 목적은 아니다.

올리와의 추억을 떠올리면 어김없이 그가 그렇게 큰 몸집을 수그리고 내 발을 치료해 주던 바로 그 장면에서부터 필름이 돌아가기 시작한다. 내 첫 번째 까미노 여정의 하이라이트인 것이다.

이 결정적 장면이 '모든 만남은 환대로부터 시작된다.' 라는 말을 내 마음속에 깊이 새겨 넣었다. 우리가 이 땅에 태어나는 바로 그 순간부터 엄청난 환대를 받았거니와, 지금 맺고 있는 소중한 만남들 역시 환대로부터 시작된 것이다. 완전히 낯선 이들이었거나 심지어 편견을 갖고 있었던 사람들이 친구로 변하고, 동료가 되고, 심지어 연인이 되는 그 시작에는 둘 중 누군가로부터 먼저 시작된 환대의 마음, 친절의 행위가 있었을 것이다.

그러나 우리의 일상을 둘러보면 애석하게도 두 사람의 관계를 열어 주었던 그 환대의 마음, 서로로부터 받았던 은총의 마음은 서서히 식어가고 관계는 흔들리기 시작한다. 서로 어긋난 관계로 인해 고통받는 친구들, 부부들, 동료들이 도처에 가득하다. 나 역시 예외는 아니다.

까미노 여정 후 2학기를 시작하면서 우리 반 아이들에게 자신의 삶에 등불이 되어 줄 수 있는 작은 좌우명을 하나 선정해 보라고 했다. 선정된 좌우명들을 교실 곳곳에 게시할 생각이었다. 그랬더니 1학기에 훌륭하게 반장 역할을 해냈던 아이가 보내온 문장이 내 눈길을 사로잡았다. '사람들은 친절을 통해 서로를 더 깊이 이해하게 된다' 라는 말이었다.

올리와의 만남이 내게 주었던 이 깨달음 내지 경험에 대해 써 보리라 다짐하면서도 계속 미루고 있던 나에게 이 말이 다시 한번 내 마음에 불을 지펴 주었다.

서로를 깊이 이해해야 더 친절해지고 사랑할 수 있을 것 같은데 순서가 그렇지 않다. 우리의 생각과 달리 친절의 행위 혹은 사랑의 행위를 통해 서로 더 깊이 이해하게 된다는 것이다. 이해해야 사랑하는 것이 아니라 먼저 사랑의 행위를 통해 이해에 도달한다는 것이다. 사람과 사람 사이에 환대와 친절의 행위가 오고 가면 그때까지 얕은 수준으로 유지되던 만남이 급속도로 깊어진다. 만남 속에서 이익을 추구하던 이해타산적인 만남이 우정 어린 만남으로 깊어진다.

올리가 나에게 '먼저' 베풀어 주었던 그 치료와 환대의 손길이 우리의 만남을 어떻게 변화시켜 놓았는지 잊지 않기 위해 이 글을 쓴다.

뱀발_걷기학교와도 관련지어 생각해 본다. 걷기학교를 준비하거나 진행하면서 자신도 모르게 흔들릴 때, 과연 이것이 맞나? 라는 의구심이 찾아올 때 기억해야 할 것이 바로 '환대'의 정신이다. 걷기학교에 온 아이들이 환대의 경험을 맛보고 돌아가게 하려면 무엇을 준비하고 어떻게 진행해야 할까? 라는 질문을 하나의 좌표처럼 설정해 두고 걷기학교를 진행해 보자. 실패하지 않을 것이다.

슬픈 날의 걷기

나는 걷는다

마음이 울적할 때
슬픔이 밀려올 때

나는 걷는다
지긋이 걸어 간다

걷는 내가
외로워하는 나를
알아봐 주고 말을 건넨다

걷는 내가
울적해 하는 나의
친구가 된다

내가
내 자신과 맺는
우정의 탄생

나는 더 이상
혼자가 아니다

우리는 매일 걷고 또 걷는다. 가까운 거리를 짧게 걷거나 먼 거리를 길게 걷거나 하는 정도의 차이가 있을 뿐이다. 그럼에도 어떤 날의 걷기는 시간이 흘러도 사라지지 않고 기억 속에 생생하게 살아남는다.

걷던 당시로 시간을 되돌려보면 기쁨에 겨워 걸을 때도 있지만 울며 걸을 때도 있었다. 소리 내어 울고 싶었지만 주위 사람들의 시선을 받고 싶지 않아 속으로만 울음을 삼키며 걷던 시간도 있었다.

신기한 것은 기쁨에 겨워 걸었든 슬픔에 겨워 걸었든 '이 또한 지나가리라'고 널리 회자되는 말처럼 걷던 그때 당시의 희로애락은 모두 지나가지만, 특히 힘겨웠던 그 시간들을 걸어서 뚫고 지나왔다는 감각만큼은 희로애락의 감정을 초월한 묵직한 체험으로 남아 있게 된다.

내게는 2018년 연말 성탄절에 가족들과 떨어져 홀로 쓸쓸히 천진의 수상 공원(水上公園) 6을 걷고 또 걸었던 시간이 아찔하고 처량한 슬픈 날의 걷기로 남아 있다.

한국에서는 가족이 중심이 아니라 이 순위, 삼 순위로까지 밀려나는 것이 일상사였다. 그러나 중국에 온 후로 휴직 중인 내가 살림을 돌보기 시작하면서 가족들이 온전히 함께 하는 시간이 자연스러운 일상이 되었다. 중국 생활과 재외학교 근무에 대한 만족도가 높았던 아내는 우리 가족의 중국 생활을 좀 더 이어가고 싶어했다. 그래서 내게도 중국에 있는 재외학교에 지원해 달라고 요청했다. 일 년 후에 나는 한국으로 복귀하고 가족들만 중국에 남는 것을 원하지 않았던 것이다.

나는 한국에서 늘 그랬던 것처럼 내가 다시 한국으로 돌아가야 할 이유와 명분을 앞세워 아내를 설득하려 했다. 물론 걷기학교 역시 내가 한국에서 해야 할 당연한 일과 사명의 리스트 맨 위에 올라가 있었다. 하지만 이번에는 아내도 물러서지 않았다. 지금껏 한국에서 사는 동안 남편이 선택한 길과 방향에 맞춰서 살아왔고, 자신은 충분히 할 만큼 했고 참을 만큼 참았다는 강한 배수진을 치고 나를 압박해 들어왔다. 매일 달라지는 선택과 갈등 끝에 결국 나는 투항했다. 끝까지 맞섰다가는 아내와의 관계도 가정도 이전과는 같을 수 없으리라는 것을 직감했기 때문이다.

물론 나 역시 새로운 환경에서 일하는 것에 대해 두려움보다는 호기심이 앞서는 사람인지라 아내의 요청에 대한 응답이 8할, 재외 학교에서 영어교사로서의 삶을 경험해보고 싶다는 호기심이 2할 정도로 지원서를 제출하였다. 2학기에 바로 채용이 되었다. 자율 휴직 상태에서 다시 고용 휴직으로 전환이 되었다.

이렇게 해서 나의 인생 계획에 전혀 존재하지 않았던 재외 한국학교 교사라는 직업과 중국에서의 주말부부라는 새롭고 낯선 삶의 방식이 시작되었다. 그러나 쉽지 않았다. 괴롭고 혼란스러운 시간의 연속이었다. 내가 한국에서 거의 10년 동안 근무했던 혁신 학교들과는 무척 이질적인 학교문화도 적응이 쉽지 않았지만, 무엇보다 교육 개혁이라는 '좋은교사 운동'의 목표를 위해 동료들과 함께 의미 있는 현장 실천 운동을 줄기차게 해 오다가 갑자기 대학입시가 최우선 순위에 맞추어져 있는 재외 학교의 특례 입시 현장에 툭 던져지고 보니 내적 갈등과 고민으로 하루하루를 보낼 수밖에 없었다.

중국생활은 또 어떤가? 학교는 둘째치고 도무지 천진이라는 낯선 도시에 적응이 되지 않았다. 우리 가족이 처음 정착한 중국의 대련과 천진은 또 다른 느낌이었다. 대련에서 경험한 최초의 중국 생활이 신선하고 좋았던 반면 천진에서의 적응이 쉽지 않았다. 특히 나는 날씨에 많은 영향을 받는 편인데 미세먼지로 악명이 높은 천진의 탁한 공기는 가히 세기말의 종말론적 메시지를 내 눈앞에 펼쳐 놓고 시위하는 것만 같았다. 푸른 하늘과 맑은 공기를 앗아간 호모 차이니즈 문명7에 대해 끝없는 불평과 원망이 속에서 흘러 나왔다. 우리 집 아이들이 어릴 때 좋아했던 '무인도에서 살아남기'라는 만화책의 제목처럼 마치 '천진에서 살아남기'처럼만 느껴졌다.

그러나 무엇보다 나를 힘들게 한 것은 내가 내 자리가 아닌 곳에서 뜬금없이 살아가고 있는 듯한 느낌이었다. 과연 여기가 내가 있어야 할 곳이 맞나? 심지어 애초에 중국으로 오기로 한 선택이 잘못되었고 그 잘못된 나의 선택이 지금 내가 겪는 일련의 아프고 답답한 일들과도 연결된 것은 아닐까? 하는 우울한 생각으로 번져갔다.

해마다 연말이 되고 성탄절 무렵이면 가족, 교회 공동체 그리고 마을 공동체 사람들에 둘러싸여 보내던 흥겨운 시간에 익숙해져 있다가 천진에서 처음 혼자만의 쓸쓸한 성탄절을 보내며 우울감과 의기소침함이 거의 절정에 달했다. 달리 할 수 있는 것이 아무 것도 없었다. 내가 할 수 있는 것은 그저 집 근처에 있는 수상공원에 나가 모자를 깊이 눌러 쓰고 걷는 일 뿐이었다.

나는 원래 흥이 많은 사람인데 전에 있던 마음 속 기쁨의 샘은 이제 완전히 말라버린 것만 같은 울적한 날의 걷기였다. 그나마 그렇게 하루 종일 걷고 나면 답답하던 마음이 조금 풀리며 그 시간을 견딜 수가 있었다. 내가 한국에서부터 눈뜨고 실천해 오던 '걷기'라는 돌파구를 몰랐더라면 어떻게 그 시간을 견딜 수 있었을까?

쓸쓸했던 성탄절이 지나고 며칠 후 그 해의 마지막 날 한국에서 날아온 장문의 카톡 메시지를 받았다. 한국에 있을 때 같이 근무했고 걷기학교에도 함께 갔던 선생님이었다. 그 선생님은 소원하는 바가 있어 휴직을 했음에도 불구하고 목적을 이루지 못하고 오히려 심신의 건강조차 무너진 상태로 다시 복직을 준비해야 하는 암울한 상황이었다. 그런데 그 위기의 시간 속에서 자신이 걷기를 통해 어떻게 도움을 받았는지, 어떻게 다시 회복되었는지를 그 해가 다 지나기 전에 나에게 알리고 싶었다며 메시지를 전해왔다. 함께 근무할 적의 추억을 비롯해 여러 가지 이야기를 전해 왔지만 '걷기학교를 자기에게 소개해 주어서 감사하다'는 말과 '자신의 걷기에 영향을 주어서 고맙다'는 말이 큰 위로로 다가왔다.

참 신기했다. 불과 며칠 전에 나 역시 걸으면서 떼로 몰려온 슬픈 일들과 감정을 달래며 스스로를 겨우 다시 일으켜 세우지 않았던가! 반갑고 고마웠다. 나는 그 선생님께 대략 이런 내용으로 답장을 드렸다.

…(중략… "쌤, 저는 내가 지금 한국에서 걷기학교를 하면서 책도 벌써 마무리했어야 하는데 이 낯선 중국 땅에서 뭐하고 있나! 하는 번민에 잠길 때가 한 두 번이 아니에요. 이 와중에 쌤이 나눠준 걷기에 대한 경험과 여러

가지 유용한 제안들이 얼마나 위로와 도전이 되는지 모르겠어요. 나는 왜 이렇게 한심하게 살고 있을까? 왜 나는 이렇게 일관성이 없을까? 왜 나는 어떤 일을 벌여만 놓고 마무리를 하지 못할까? 하는 온갖 부정적인 느낌과 '왜 나는.....'으로 시작되는 나를 공격하는 생각들이 올라올 때면 일단 무조건 밖으로 나가서 걸어요. 그렇게 걷다 보면 기분이 전환이 되면서 그래도 내게는 아직 자유롭게 어느 곳이든 내가 원하는 곳으로 걸어갈 수 있는 건강한 두 발과 건강한 몸이 남아 있다는 그 변함없는 하나의 사실을 떠올리게 돼요. 그러면 비로소 나의 생을 긍정하는 작은 출구를 찾게 돼요. 많은 아픔과 한심함에도 불구하고 다시 내게 주어질 시간을 감사함으로 시작해 보자는 마음의 기운을 얻게 돼요!...."

그 선생님과 나는 시·공간적으로 아주 멀리 떨어져 있었지만 각자에게 닥친 시련과 슬픔의 시간 속에서 걷기를 통해 그 시간을 극복해 나가고 있었다. 그 경험을 서로 나누는 것이 위로가 되었다.

어떤 이들은 속으로 슬픔을 삭이며 쓸쓸하고 처량하게 걸어가는 것이 뭐 그리 대단한 것이냐고 반문할지도 모른다. 그러나 그렇지 않다. 걷기는 점점 더 깊은 우울과 무기력 속으로 침몰할 수도 있는 우리를, 흔들리며 살아가는 우리들의 몸과 마음을 지탱해주고 다시 일으켜 주는 가장 저렴하고 보편적이면서도 고차원적인 삶의 방식이요 지혜다.

걷기 행위가 어떻게 우리의 슬픔을 덜어 가는 것일까? 우리는 바쁜 일상의 틈바구니 속에서 살아가다 보면 남이 나를 소외시키기 이전에 먼저 내가 나를 소외시키고 불행하게 만들 때가 많다. 가정이든, 학교든, 직장이든, 어떤 조직과 관계 속에서 살아가다 보면 우리는 그 안에서 어떤 역할을 수행하는 한 사람의 사회적 자아로서의 정체성을 갖는다. 그 사회적 자아가 진정한 나의 모습은 아니다. 그러나 우리가 어떤 구조 속에 위치하면서 많은 시간을 그 안에서 지내다 보면 어쩔 수 없이 그 사회적 자아를 바라보는 외부의 시선으로, 즉 타인들의 시선으로 그 사회적 자아인 나를 바라보게 된다. 그 사회적 자아인 나는 늘 어딘가 마음에 들지 않고 불만족스럽다. 게다가 그 사회적 존재인 내가 부대끼며 겪을 수밖에 없는 여러 부정적인 감정을 소화해 낼 수 있는 고요한 회복과 치유의 시간도 갖지 못한다.

그렇게 떠밀려 살다 그것들을 모두 등 뒤에 두고 문을 박차고 나가 그저 생각없이 타박타박 걷다 보면 처음엔 이리 저리 어지럽게 떠돌던 생각들이 비로소 돌봄을 받지 못한 채 방치되어 온 자신의 마음에 가 닿게 된다.

생각해 보면 스스로의 마음을 가장 깊고 정확하게 알고 있는 존재는 그 어느 다른 누구도 아닌 본인 자신이다. 그럼에도 불구하고 우리는 자신의 마음이라는 그 엄청난 공감의 원천과 자산을 망각한 채, 다른 사람, 혹은 다른 물질적인 것들로부터 위로받기를, 공감받기를 갈구한다.8

걷기는 그런 부질없는 노력들과 다르다. 건물 속에 갇힌 답답한 공간에서 벗어나 상쾌한 공기를 마시며 걸어가노라면 몸과 마음이 그 변화를 귀신같이 알아채고 이전과는 다른 방식의 사고처리 과정을 저 스스로 가동시켜 나간다. 이전과는 다른 기운과 에너지를 가지고, 다른 각도에서 상황과 사물을 바라보는 것이 가능해진다. 그러면 타인에게, 다른 물질적인 것들에게, 혹은 전문가에게 의존하지 않아도 그 동안 방치되고 주변부로 밀려나 있던 자기 자신과의 대화가 마침내 시작되는 것이다. 자신과의 대화는 자신을 위로하는 단계, 있는 모습 그대로 수용하는 단계를 지나 걸을 수 있는 건강한 자신의 몸을, 그리고 마침내는 자신의 생을 긍정하는 단계로까지 확장된다.

언제 어느 때 걸어도 좋겠지만 자꾸만 울적해지고 마음이 가라앉는 날이라면 더더욱 집 문을 박차고 나가서 걸어야 한다. 걷는 자는 자신과 대화하게 된다. 걸어가는 그 길 위에서 구원을 만나게 될 것이다.

'결국 우리는 혼자가 아니다. 걷기 시작하자마자 즉시 둘이 되기 때문이다. 심지어 혼자 걸을 때에도 내 육체와 영혼은 항상 대화를 나눈다. 나는 일정한 속도로 걸으면서 내 몸을 격려하고 그의 비위를 맞추고 칭찬한다. 오랫동안 낑낑대느라 몸이 힘들어하면 나는 내 몸을 격려한다.

"자, 좀 더 애써봐. 넌 잘해낼 수 있어."

분명히 영혼은 육체의 증인이다. 걷기 시작하자마자 나는 둘이 된다. 내 몸과 나 자신은 부부 같기도 하고, 노래의 후렴 같기도 하다. 걷는 순간 나는 나와 동행한다. 나는 둘이다. 그리고 무한정 되풀이되는 이 대화는 밤까지 계속되어도 지겹지 않다. 앞으로 걸어 나간다고 느끼게 하는 이 나눔이 우리 안에서 이루어지지 않으면 우리는 걸을 수가 없다. 하지만 나는 항상 걸으면서 나를 바라보고 나를 격려한다.'

〈걷기, 두 발로 사유하는 철학 89~90 page〉

걷지 않으면 알 수 없는 것들

익숙하던 우리 집 반경에서 조금만 더 걸어 나갔을 뿐인데 왜 이렇게 다른 세상이 펼쳐지는지, 계절의 흐름에 무디게 살아가던 내게 왜 갑자기 이 계절이 이토록 환한 기쁨으로 다가오는지 걷지 않고서는 알 수 없는 일이다.

우리 집 가까운 곳에 이렇게 걷기 좋은 길들이 많았는지, 쭉쭉 뻗은 늠름한 나무들과 지금 막 꽃망울을 터뜨리고 있는 작은 식물들, 걷다가 자꾸만 앉고 싶어지는 벤치들, 개를 산책시키는 사람들, 비록 마스크는 챙겨 쓰고 나왔지만 세상 그 무엇도 자신들의 놀이를 막을 순 없다는 듯 재잘거리며 한시도 쉬지 않고 온 몸으로 노는 아이들, 그 아이들 곁을 지키며 삼삼오오 수다를 나누는 엄마들, 이 모든 것들이 그려내는 일상의 풍경이 이토록 사무치게 소중한 것이었는지 걷지 않으면 알 수 없는 일이다.

아파트 근처에 학교들이 이렇게나 많았는지, 문화초등학교라는 예쁜 이름을 가진 초등학교 건물과 키를 다투고 있는 저 나무가 낙우송인지 메타세쿼이아인지, 저 높은 허공에서 가지치기를 해 주는 사람도 없을 텐데 어떻게 저 나무는 저토록 환상적인 하트 모양으로 뻗어가는 것인지,

거기서 더 걸어가니 나타나는 작은 공원이 언제부터 거기에 있었는지, 그 공원 길모퉁이에 자리한 소담한 북 카페는 또 언제부터 그곳에 있었는지, 창밖에서 보면 그 북 카페 안에서 책을 읽는 사람들은 왜 그리 하나같이 고상하고 품위 있어 보이는지, 그 북 카페의 서가에 진열된 빛바랜 책들이 어떻게 그 북 카페의 나이를 가늠하게 하는지 걷지 않고서는 헤아려 볼 수 없는 일이다.

걷다가 마음에 쏙 드는 공원 의자에 앉아서 배낭에 담아온 따뜻한 차 한 잔 마시며 바라보는 풍경은 별 새로울 것도 없이 왜 이토록 새로운지, 저쪽 공원 한 편에서 살짝 살짝 키스를 나누던 젊은 커플과 기어이 눈길이 마주치고 만 내 자신이 왜 이리 촌스럽게 느껴지는지,

다시 길을 걸을 때 갑자기 걸려오는 휴대폰 벨 소리에 내가 이렇게 하나도 놀라지 않고 차분히 그 전화를 받을 수 있는 사람이었는지, 평소에 깊게 생각하지 못했던 이런 생각, 저런 생각들을 하며 걷다 보니 지하철로 몇 정거장이나 되는 거리를 별 힘도 들이지 않고 벌써 이곳까지 걸어왔는지,

자동차를 두고 나오니 걷다가 마음에 들어 찾아 들어간 카페나 서점에서 주차 걱정 없이 주차시간 신경 쓸 필요도 없이 머물고 싶은 만큼 머물다가 다시 길을 나설 수 있다는 사소한 사실 하나가 나를 왜 이리 자유롭게 하는지 걷지 않고서는 알 수 없는 일이다.

언덕으로 이어지는 가파른 계단 길을 오르며 헉헉대는 거친 숨소리에 녹아있는 세월의 무게를, 그래도 아직은 내 힘으로 이 정도 오르막길은 가뿐히 오를 수 있다는 사실에 안도하게 되는 마음을, 이렇게 큰 도시인데도 언덕 높이밖에 되지 않는 이 산에서 세상에나! 연신 나무를 쪼아대는 딱따구리 소리를 듣는 이 신기함을, 걷지 않고서는 상상도 할 수 없는 일이다.

산 정상에서 바라보면 산의 어깨 높이 정도 되는 무슨 마을 무슨 마을 하는 이름의 아파트들이 왜 그리 정겨운지, 반면 이 도시에서 가장 높은 산 정상

이 무색하리만큼 엄청난 높이로 솟아 있는 저 초고층 아파트들이 왜 내게는 유년 시절 그토록 손꼽아 기다리며 보았던 〈미래소년 코난〉의 인더스트리아9처럼만 보이는지,

　미세먼지 있는 날과 그렇지 않은 날이 어떻게 하늘과 땅 만큼의 차이로 느껴지는지, 내가 깨끗한 공기와 파란 하늘을 얼마나 갈구하고 사랑하는지, 물과 공기가 오염되지 않은 세상에서 자식들이 살아갈 수 있게 하려면 우리가 무엇을 바꾸어야 하는지, 왜 핵에너지 대신 녹색 에너지로 전환해야 하는지, 어떻게 문명의 방향을 전환해야 하는지, 무엇보다 왜 나부터 자동차를 세워두고 더 많이 걸어 다녀야 하는지 걸어보지 않으면 알 수 없는 일이다.

　걸으며 듣는 라디오에서 흘러나오는 음악이 왜 더 달콤하게 들리는지, 자주 듣던 데이빗 란츠(David Lanz)의 피아노 연주에 왜 이리 복에 겨운 눈물이 나는지, 스타리 스타리 나잇(Starry starry night)을 부르는 리앤 라 하바스(Lian La Havas) 10의 목소리에 왜 이토록 가슴이 무너져 내리는지, 목사였던 반 고흐의 아버지는 왜 좀 더 따뜻한 시선으로 아들 고흐를 바라봐 줄 수 없었는지, 나도 왜 우리 아들에게 좀 더 친절하게 대하지 못하고 후회하게 되는 것인지,

　내게 이렇게 아이디어가 많았는지, 몇 달이 넘도록 A4지 한 장을 채우지 못해 스스로를 비난하며 괴롭히던 내가 어떻게 단숨에 여러 장 분량의 글을 써 내려 가고 있는 것인지, 이 글을 갈기듯 적어 내려가는 지금, 서산에 걸린 해가 미리 데워놓은 이 공원 벤치가 어떻게 내 몸을 따뜻하게 감싸오는지,

잊으려고 애를 써 봐도 잘 잊히지 않던 부정적인 생각들이 어떻게 길가의 나무와 꽃들과 예쁜 건물들의 풍경이 불러오는 기분 좋은 생각들로 인해 까맣게 잊혀 졌는지,

내게 일어나는 숱한 문제들은 하나도 해결되지 않은 채 여전히 그대로 있지만, 걷는 동안 그 문제들을 바라보는 나의 마음이 어떻게 달라졌는지, 허다한 생의 고통들을 어떻게 끌어안을 수 있게 된 것인지, 아직 고비는 많이 남아 있지만 잘 헤쳐 나갈 수 있을 것 같은 마음 밑바닥의 자신감은 어디로부터 생겨나는 것인지,

걷는 오후의 내가 아이들에게 짜증을 부리던 오전의 나와 왜 이렇게 달라졌는지, 걷는 오늘의 내가 집 안에서 시름에 잠겨있던 어제의 나와 왜 이토록 다른 존재로 다가 오는지 걷지 않으면 알 수 없는 일이다.

해도 지고 배도 고프고 아들 생각도 난 김에 전화를 걸어 아들을 불러내 어느 이름난 생선구이 집에서 저는 고등어 무조림, 나는 알탕을 시켜 먹고 소주 두어 잔 걸친 후에 다시 집으로 되돌아가는 길은 또 얼마나 재미진 것인지,

몇 해 전 돌아가신 아버지와 병원에 누워계신 어머니를 생각하면 왜 이리 가슴이 미어지는지, 아버지 살아 계실 적 아들로서 아버지와 둘만의 추억을 왜 더 많이 만들어 내지 못 했는지, 고생하시면서도 자식들을 보람과 낙으로 알고 사셨던 두 분을 내가 얼마나 사랑하고 그리워하고 고마워하는지,

내 속에 이토록 기쁨이 많은 사람이었는지, 또 이토록 슬픔이 많은 사람이었는지, 이토록 흥이 많고, 또 이토록 한이 많은 사람이었는지, 내가 이렇게 행복한 사람이었는지, 문제 많은 내 삶조차도 이리 만족스러운 것이었는지,

걷지 않으면, 걸어 보지 않으면, 지금 당장 저 문을 박차고 나가서 걸어 보지 않으면 결코 알 수 없는 일이다.

걷기, 움직임 속 고요함의 비밀

걷기는 육체와 정신의 가장 이상적인 결합이다. 이것을 단순한 세 글자로 내 나름대로 표현한 것이 '동중정(動中靜)'이다. 몸은 움직이는데(=動) 생각은 정리되고 마음은 한 곳에 고도로 집중이 되면서 고요해지는(=靜) 신기한 경험을 일컫는 말이다.

꾸준히 걷는 사람들은 이 신기한 동중정의 묘미를 경험으로 잘 알고 있으며, 그런 선물 같은 경험이 또 다시 찾아올 것을 기대하면서 다시 새롭게 길을 나서는 사람들이다.

걸을 때마다 저절로 이런 명상의 경지에 도달하는 것은 아니다. 약속한 시간에 늦거나 시간에 쫓기며 걸을 때면 걷는 내 몸보다 생각이 더 바쁘게 움직이며 달아난다. 단지 원하는 장소에 빨리 가 닿는 것이 목적이라면 걷기는 매우 비생산적이고 비효율적인 행위에 불과하다. 그런 경우라면 걷기가 아닌 바퀴 달린 것들을 선택하는 편이 낫다.

걷기만이 이런 신기한 움직임 속의 고요한 경험을 가능하게 하는 것도 아니다. 나는 두 번의 마라톤 풀코스를 뛰면서 정말 황홀한 동중정의 인생 경험을 한 적이 있다. 결승선이 얼마 남지 않은 거의 38km 지점에서 결승선까지 달리는 동안 누적된 신체의 고통을 망각하기 위해서 내 몸과 뇌는 거의 감각을 인지하지 못하고 있었다. 그것은 고통을 전달하는 통로인 감각이라는 몸의 기능이, 달릴 때 생성되는 일종의 몰핀과 같은 역할을 하는 호르몬의 힘을 빌려 차단되는 현상11이라고 들었다.

눈을 감고 뛰자 ─ 사실은 뛴다기보다는 멈추지 않기 위해 필사적으로 움직인다는 표현이 더 정확할 것이지만 ─ 몸은 계속 흔들리며 앞으로 나아가는데 생각은 어느 한 지점에 고요히 집중되었다. 당시 내 의식은 곧 출산을 앞둔 아내, 그리고 아내와 함께 산부인과 검진을 갔을 때 초음파 검사를 통해 보고 들었던 태아의 심장 박동 소리에 한참을 머물러 있었다. 분주한 일상 중에는 의식의 수면 위로 잘 떠오르지 않거나 어쩌다 떠올려도 느긋하게 머물러 있기 힘든데 그때는 어떤 방해도 받지 않고 의식 속에 떠오른 생각에 집중하며 그 존재들과 깊은 교감을 나누는 것이 가능했다.

마라톤 외에도 나는 가끔 사람들이 별로 없는 넓은 수영장이나 혹은 탁 트인 드넓은 바다에서 수영을 할 때 이 움직임 속의 고요함, 즉 동중정의 행복감을 경험하고는 한다. 물이 주는 편안함과 자유로움 속에서 몸의 움직임이 만들어 내는 경쾌한 리듬은 내가 느낄 수 있는 행복감의 강도를 최대치로 증폭시켜 준다. 이렇게 몸과 감각이 살아나면 마음이 즐거워지면서 밝아지고, 마음이 밝아지면 생각과 의식 또한 최대치로 고양(高揚)된다.

그러나 이런 기회들은 가끔 행운으로 찾아오는 것일 뿐, 우리의 일상에서 쉽게 접근할 수 있는 것들이 아니다. 한적한 수영장이나 탁 트인 드넓은 바닷가에서 순도 백 퍼센트의 자유로운 수영을 즐길 수 있는 복된 날들이 일 년 중 며칠이나 되겠는가? 러너스 하이(runner's high)라는 신기한 체험을 할 수 있는 마라톤 역시 체계적이고 지속적인 훈련 없이는 특별한 감흥은커녕 몸에 부상의 후유증만 남길 가능성이 크다.

그러나 우리 일상의 지근거리에 있는 걷기를 통해서는 이 움직임 속의 고요함이라는 동중정의 복된 경험이 가능하다. 우리가 고요히 차분히 걷기 위해서 대단한 행운이 필요한 것은 아니지 않은가? 최소한의 건강한 몸만 있으면 누구라도 언제라도 어디라도 걸을 수 있다.

처음부터 너무 거창한 기대를 가지고 걷기 시작할 필요는 없다. 걷기를 시작하자마자 바로 깊은 명상의 단계에 들어가거나 높은 사고의 경지에 도달하지도 않는다. 어떤 쓸만한 생각의 열매나 걷기의 결실을 얻어 가겠다고 욕심을 내기 보다는 그저 경쾌하게 가볍게 움직이는 내 몸이 만들어 내는 즐거움에 몸과 마음을 맡기는 것이다.

이 걷기의 본령에 충실하게 걸어 나갈 때 움직임 속의 고요함이라는 동중정의 신비한 경험이 선물처럼 찾아 올 터이니 자, 이만하면 넉넉히 즐거이 오늘도 걸어 볼만 하지 아니한가!

걷기, 발견의 기쁨

걷기는 길과 연애하는 것이다. 걷기의 매력을 모른다는 말은 아직 길의 유혹, 길의 매력을 모른다는 말이나 같은 의미다. 그렇다면 어떤 길이 매력적인 길, 좋은 길일까? 내가 가진 몇 가지 좋은 길에 대한 기준이 있는데 그 중 한 가지는 이렇다.

좋은 길이란 그 길을 걸어갈 때 내 눈에 기쁨으로 발견되는 것들이 많은 길이다. 아마도 우리의 기억 속에 남아 있는 최고의 길들이 반드시 기막힌 풍경과 자연 속에만 존재하는 그런 길은 아니었을 것이다. 내가 걸었던 최고의 길은 도심이나 깊은 산 속, 강이나 바다를 가리지 않고 또 국내나 해외를 가리지 않고 어디에나 있었다. 사방 천지에 사람 하나 찾을 수 없는 지리산, 설악산, 북한산 등을 야간 산행으로 홀로 걸었던 길들도 좋았지만 환한 대낮에 이 지구상에서 가장 복잡하고 거대한 도시라는 뉴욕의 브로드웨이를 질주하듯 걸었던 그 길도 기가 막히게 좋았다.

식물을 좋아하는 사람에게는 다양한 식물과 나무가 무성한 식물원 길, 수목원 길, 혹은 깊은 산 속 길이 좋은 길이다. 멋진 건물과 집, 예쁜 카페 같은 것들을 좋아하는 사람에게는 건축적 영감을 풍부하게 느낄 수 있는 길이 좋은 길이다. 역사에 관심이 많은 사람이라면 문화재들이나 역사적 명소가 많은 곳, 즉 답사라는 말을 붙여도 손색없는 그런 길이 좋은 길일 것이다. 그러니 가령 풀과 나무를 좋아하고 멋진 건축물에 관심이 많고 답사를 즐기는 나 같은 사람이란 이 걷기에 빠져 들지 않을 도리가 없겠다.

　발견의 기쁨은 속도와 반비례한다. 찬찬히 느리게 걸어갈수록 더 많은 것들이 눈에 들어온다. 아무리 자동차로 숱하게 지나다녔던 길이라 해도 두 발로 걸어가면서 새롭게 보게 되고 발견하게 되는 그 범위와 깊이는 도무지 따라올 수 없다. 내가 사는 곳으로부터 멀리, 특별한 곳으로 혹은 해외로 나가지 않아도 일상에서 얼마든지 이 발견의 희열을 경험하며 걸을 수 있다.

　내가 존경하는 선생님 한 분은 퇴근길이나 주말에 라이딩 하면서 만나게 되는 풍경 사진들을 꾸준히 자신의 페이스 북에 올리는데 나는 그 사진의 열렬한 팬이다. 그 사진들 속에서 나는 바쁘게 사느라 놓쳐버린 하늘의 신비한 색깔, 멋진 천상의 구름들, 하루 하루 장관을 연출하며 지는 노을, 보기만 해도 절로 눈이 시원해지는 들판, 솔로몬의 영광으로도 이 꽃 하나만 못하다고 언급되었을 법한 화려한 꽃과 같은 숱한 멋진 풍경들을 보고서 감탄한다. 물론 그 사진들을 보고 있노라면 도대체 우리가 같은 하늘 아래 살고 있기는 한 걸까 싶기는 하지만 말이다).

　그 선생님의 라이딩은 단지 몸을 움직여 칼로리를 소비함으로써 건강을 유지하기 위한 차원의 것만이 아닐 것이다. 걷기와 자전거 타기라는 차이는 있지만 걷기든 라이딩이든 그것을 의무감이 아닌 기쁨으로 계속하는 사람들의 공통점은 바로 길을 사랑한다는 것이며 길이 보여주는 풍경의 매력에 반한 사람들이라는 것이다. 한 마디로 길과 연애하는 사람들이다.

길이 거느린 풍경의 깊이가 그 길의 깊이가 된다. 그러나 발견의 기쁨이 단지 풍경을 통해서 그리고 눈을 통해서 오는 것만은 아니다. 가을에 무리지어 피어있는 들국화를 그저 눈으로 보기만 하는 것과 실제로 그 들국화 향기를 맡으며 걷는 것은 다르다. 들길이나 산길을 홀로 걷는 중에 어디선가 내 몸 속으로 흘러 들어오는 향기를 맡고 그 향기의 주인공을 발견하는 기쁨은 직접 경험해 보아야 안다. 언젠가 등산로를 벗어나 계곡을 향해 내려가던 길에 은은하게 풍기는 향기의 근원을 따라가다가 '쪽동백'이라는 나무와 꽃을 발견하고서는 마치 종(인간)과 종(나무)의 경계를 넘어선 어떤 특별한 만남이라도 가진 듯한 감회에 젖기도 했다.

차분히 걷다 보면 평소에는 듣지 못했던 소리를 듣기도 한다. 소리의 발견이다. 그것은 누구의 귓가든 저절로 가 닿게 되는 소리와는 다르다. 걷는 장소에 따라 저절로 배경음이 되어 주는 계곡의 물소리, 바닷가의 파도 소리, 비 오는 날의 빗방울 소리와 같은 명백한 자연의 소리가 걷기의 즐거움을 배가시켜주는 것이 사실이지만 고요한 걷기의 시간 속에서는 그 이상을 듣기도 한다.

어느 눈 내리는 겨울 저녁 홀로 산책을 나갔다가 정말 눈이 바닥에 소복소복 쌓이는 소리를 들은 적이 있다. 그 날 저녁에 썼던 이 시가 내가 그 소리를 발견한 증거다.)

도착

한적한 겨울 밤길을 걸어가다
눈이 내리는 소리를 들었다

눈은 소리 없이 내린다고 알고 있었던 것은
내리는 눈에 온전히 귀를 기울여보지 못한 때문이었다

세상의 소음을 등지고 눈과 마주하면
들판에 그리고 숲길에 눈송이들이 쌓이는 소리가 들려온다

솜털처럼 가벼운 눈송이들도
긴 여행을 마치고 지상에 나리는 순간만큼은
저마다 아프다

눈이 쌓이는 소리는 이전부터 있었겠지만 부끄럽게도 나는, 그 날 그 저녁 한적한 산책길에서야 비로소 그 소리를 듣게 되었다. 고요한 산책의 시간이 내게 가져다준 새로운 발견이었다. 그 발견과 동시에 나는 내 마음 속에서 여전히 명맥을 유지하고 있는 시적 언어들12, 그리고 더 나아가 내면의 고요함, 평화로움 같은 것들과 조우(遭遇)할 수 있었다.

걸으면서 알게 되고 발견하게 되는 것들이 나의 외부세계에 존재하는 것들만은 아니다. 나의 외부에 존재하고 있는 것들과는 비할 수도 없는 더욱 놀랍고 혁명적인 발견이란 바로 그 길 위에서 나를, 나의 내면을 만나는 것이다. 그리고 그 내면 속에서 오랜 세월 동안 잠복해 있던 어떤 하나의 생각과 사상

을 발견하는 것이다.

하지만 지금 여기서 그 이야기까지 하자면 너무 숨이 찬다. 길을 걸을 때도 적당히 걸었다 싶으면 잠시 쉬어가야 하듯 그 이야기는 다음 기회에 이어가는 것이 좋겠다.

걸으면서 새롭게 발견하는 내적, 외적 기쁨에 대해 다 기록하자면 끝이 없을 것이다. 그 이유는 이 세상에 난 길의 총합을 다 헤아릴 수 없는 이치와도 같다. 나의 쓰기는 대부분이 나의 걷기에 빚진 것들이다. 그러나 나의 쓰기는 걷기를 온전히 반영하지 못한다. 걷는 중에 발견했던 숱한 기쁨의 순간들이 있지만 그것들을 막상 글로 옮겨 놓고 보면 초라할 뿐이다.

이 초라한 글을 읽고 있느니 차라리 지금 당장 저 문을 박차고 나가 걷는 편이 낫겠다. 오늘은 걷는 중에 또 어떤 새로운 발견의 기쁨을 만나게 될까?

알 수 없어요13

한용운

바람도 없는 공중에 수직(垂直)의 파문을 내이며
고요히 떨어지는 오동잎은 누구의 발자취입니까

지리한 장마 끝에 서풍에 몰려가는 검은 구름의 터진 틈으로
언뜻언뜻 보이는 푸른 하늘은 누구의 얼굴입니까

꽃도 없는 깊은 나무에 푸른 이끼를 거쳐서 옛 탑(塔) 위의
고요한 하늘을 스치는 알 수 없는 향기는 누구의 입김입니까

근원은 알지도 못할 곳에서 나서 돌뿌리를 울리고
가늘게 흐르는 작은 시내는 구비 구비 누구의 노래입니까.

연꽃 같은 발꿈치로 가이 없는 바다를 밟고 옥 같은 손으로
끝없는 하늘을 만지면서 떨어지는 해를 곱게 단장하는 저녁놀은 누구의
시(詩)입니까.

타고 남은 재가 다시 기름이 됩니다.
그칠 줄을 모르고 타는 나의 가슴은 누구의 밤을 지키는 약한 등불입니까.

코로나 시대의 걷기 (걷는 사람이 희망이다)

기대하기는 이 책이 세상과 만날 즈음엔 코로나 팬데믹이 끝났으면 참 좋겠다. 자유롭게 아이들과 1박 2일이든 2박 3일이든 아니면 더 긴 여정으로 걷기학교를 떠날 수 있었으면 좋겠다. 코로나가 종식되면 무엇을 하고 싶은지 마음이 통하는 한 선생님과 이야기를 나눴다. 코로나 종식 기념으로 교사들과 함께 통일 염원 백두산 걷기를 진행해보고 싶다 했다. 그 선생님은 통일 염원이라는 기존의 개념에서 한발 더 나아가 탈분단, 생명 평화 걷기라는 주제로 걸으면 어떻겠냐는 제안을 하셨다. 공감하며 맞장구를 쳤다. 생각만 해도 가슴이 뛰었다.

그러나 미래의 그 날이 현실이 되기 전에, 지금 오늘의 이 현실이 거듭해서 우리에게 걸어오는 말들을 기록하고 싶다. 그렇지 않고 그저 무조건 코로나가 오기 이전의 그 자유롭고 좋았던 시절로 되돌아가자라고만 한다면 우린 코로나 팬데믹이 상기시켜 주었던 그 수많았던 절박한 경험과 소중한 교훈을 발로 걷어 차버리게 되는 것이다.

코로나 바이러스 대유행을 겪으며 줄곧 내 머리속을 떠나지 않았던 것은 두 가지 생각이다.

첫째는 일상의 '기적'(Ordinary miracle)이라는 말이다. 사실 우리가 살아가는 하루 하루의 평범한 일상이 기적이라는 깨달음과 고백은 코로나와 상관없이 이전부터 있었던 것이다. 이 말은 자신이 소중한 무엇인가를 잃고 난 뒤에서야 그것을 누릴 수 있었던 이전의 평범한 시간들이 얼마나 소중했던가! 그 당시엔 왜 그것을 몰랐던가! 하는 고백이다. 그리고 한발 더 나아가서 지금 우리가 누리고 있는 이 시간, 이 건강, 이 관계들도 상당한 시간이 흐른 뒤에 뒤돌아본다면 참 기적과도 같은 것일 수밖에 없겠구나! 하는 깨달음이다.

그러다가 코로나 대유행 이후로는 이 일상의 기적이라는 말이 동시대를 살아가는 전 인류의 외침과 탄식이 되어버렸다. 별 느낌도 없이 그저 일상적으로 경험하고 누렸던 일들이 코로나 바이러스 대유행으로 막히게 되자 사람들은 이제야 비로소 그 이전의 경험과 기회들이 당연한 것이 아니라 일종의 기적과도 같은 것이었음을 전 지구적으로 깨닫고 공감하게 된 것이다. 역사가 코로나를 기준으로 BC(Before Corona)와 AD(After Disease)로 나뉘게 될 것이라는 말이 꼭 엄살만은 아닌 것이다.

코로나 대유행을 겪으며 내 머릿속을 떠나지 않았던 두 번째 생각은 우리가 누렸던 그 일상의 기적과 풍요가 사실은 일상의 과잉이었다고 계속해서 고발당하는 듯한 느낌이었다.

코로나 대유행 이전에 거의 무제한으로 누리던 인간의 자유가 제한되고, 활동반경과 더불어 인간 활동의 총량이 줄어들자 하늘과 대기(공기)와 자연이 비록 일시적으로나마 회복이 되었다. 코로나 대유행으로 인해 우리는 많은 것을 빼앗겼지만 그렇다고 모든 것을 잃기만 한 것은 아니었다. 가장 본질적인 것을 우리는 잠시 회복했다. 해마다 봄철이면 미세먼지로 신음하고 시달리던 고통으로부터 잠시나마 벗어나고 보니 우리는 공기로 숨 쉬고 호흡하는 존재들이지 돈이나 경제로 호흡하는 것이 아니라는 지극히 당연한 사실을 알게 되었다. 미세먼지 앱을 확인하거나 대기의 질을 걱정할 필요 없이 파란 하늘 아래 맑은 공기로 숨쉬는 기쁨과 희열이 얼마나 큰 것인지 새로이 알게 되었다.

오로지 동시대 인간의 입장, 그리고 경제적 관점에서만 보자면 우리는 많은 기회들을 빼앗겼고, 경제적 손실과 타격을 받았다. 그러나 우리 후손들과 다른 생명체들의 입장, 그리고 장기적 관점에서 보자면 우리는 오히려 기후 위기로 인한 거주불능의 지구로 달려가는 걸음을 조금 늦출 수 있었다. 어쩌면 심지어 그것을 막을 수 있는 마지막 기회를 부여받은 것인지도 모른다. 코로나 대유행에 대한 이 두 가지 완전히 다른 해석과 느낌이 마치 양가감정처럼 내 안에서 떠나질 않았다.

우리가 그토록 회복되기를 바라는 그 일상이 과잉이라는 내 생각을 논증하기 위해 많은 말을 할 필요는 없을 것 같다. 대형마트의 계산대 앞에 줄지어 서 있는 카트들을 떠올려보는 것만으로도 충분하다. 하나를 사면 삼천원인데 네 개를 사면 만원이다. 대량으로 구입하는 것이 이익이다. 꼭 필요하지 않지만 그냥 이익이 되니까 대량으로 구매하는 것에 우리는 익숙하다. 우리의 시스템은 과잉을 장려한다. 과잉 생산, 과잉 소비는 필연적으로 쓰레기 증가, 탄소 배출, 기후 위기의 심화를 초래한다는 것을 잘 알지만 우리의 현실은 그와 정반대로 굴러간다.

극히 자본주의적인 우리의 시스템 속에서는 높은 구매력을 가진 사람, 소비를 통해 자신의 욕망을 무제한으로 실현할 수 있는 능력을 가진 사람이 성공한 사람이다. 그 성공한 사람들은 무제한으로 소비하고 자신의 소비에 대해 책임지지 않는데도 지탄을 받지 않는다. 오히려 선망과 동경의 대상이 된다.

나는 채 70kg이 나가지 않는 내 한 몸을 움직이기 위해 1.5톤이 넘는 나의 자가용을 굴릴 때마다 드는 불편한 마음을 어찌할 수가 없다. 그래서 주말에는 거의 운전을 하지 않는다. 주로 걸어 다니고 대중교통을 이용한다. 나의 주말은 걷기 여행으로 채워질 때가 많다. 하지만 시간에 쫓기는 주중에 자동차로 30분이면 되는 거리를 거의 두세 배 더 시간이 걸리는 버스를 이용해 출근하기란 참 어려운 일이다. 가끔 대중교통을 이용해 출근하기도 하지만 대부분은 내 차를 가지고 출퇴근을 한다. 그렇게 도로에 나가면 나처럼 비슷비슷한 이유로 나온 자동차들로 도로는 넘쳐난다. 그럴 때마다 나는 지금 당장이라도 내가 살아가고 있는 이 삶의 방식을 전환하고 싶다. 그러나 지금 당장 이 구조를 탈출하기 쉽지 않아 은퇴 이후라는 후일을 기약할 뿐이다. 부끄럽지만 솔직한 고백이다.

그러면서 생각한다. 우리 사회가 적정 수준의 소득을 추구하고, 적정 수준의 소비를 하는 사람, 안 그래도 되지만 기꺼이 자발적 불편을 감수하면서 자신이 가진 돈을 책임감 있게 쓰는 사람, 이런 사람들을 마땅히 존경하고, 우리 모두가 점차 그렇게 살수 있도록 준비해야 하지 않을까?

이런 생각을 종합해보면 코로나 종식 이후에 우리가 다시 돌아가고 싶은 일상의 모습이 어떠해야 할지 정리가 된다. 그 모습이란 코로나로 인해 우리가 알게 된 일상의 자유로움과 경이를 맘껏 누리되 기존의 우리 생활 습관과 생각 속에 박힌 과잉을 덜어낸 새로운 모습이다. 그 단적인 예가 바로 걷기라고 생각한다. 이 말을 하고 싶어서 나는 없는 글솜씨를 짜내어 겨우 여기까지 온 것이다.

이 시대는 걷기를, 그리고 걷기가 상징하는 삶의 방식을 우리에게 요청하고 있다. 이 시대의 걷기는 절박한 걷기일 수 밖에 없다. 윌리엄 워즈워드, 루소, 니체 등등 숱한 걷기의 대가들이 걷기에 대해 쓴 글을 읽다 보면 그들의 걷기가 얼마나 복되고 밝고 아름다운 것이었는지 질투가 날 지경이다. 그들의 걷기 풍경 속엔 오늘날 우리에게 익숙한 잿빛 하늘과 자동차 매연, 미세 먼지와 같은 어두운 그림자가 없다. 그들은 오염되지 않은 깨끗하고 아름다운 자연 풍경 속을 걸으며 사상과 철학과 시의 깊이를 더할 수 있었다. (물론 그 시대에는 그 시대만의 질곡과 고민과 과제가 있었겠지만, 그것은 어느 시대에나 있는 것이므로 논외로 한다)

하지만 우리는 그들과 다르다. 가령 주말에 도보 여행이라도 다녀올라치면 먼저 일기예보부터 들여다보면서 그 날의 날씨를 걱정해야 한다. 미세 먼지 심한 날의 걷기란 생각만으로도 암울하다.

대부분의 사람들은 걷기라는 행위에 있어 가장 중요한 변수가 '길'이라고 생각할 것이다. 그러나 길 이전에 '공기'가 먼저다. '코에 바람 쐬다" 라는 말이

괜히 나온 것이 아니다.

걷는 행위의 본질은 답답한 실내를 박차고 나가서 마음껏 신선한 공기를 마시는 것이다. 상쾌한 공기를 마음껏 호흡하기 위해 걷기가 필요하고 길이 있어야 한다. 산책, 조깅, 등산, 트레킹 그 무엇이든간에 신선한 공기를 맛보는 기쁨이라는 공통점은 동일하다. 맑은 공기가 뇌에 공급되기만 하면 우울하게 보이던 세상도 달리 보이고 복잡하기만 하던 생각들도 신속하게 제 자리를 찾아간다. 공기(空氣)는 말 그대로 하나의 공간(空間)이 가진 기운(氣運)이다. 맑은 공기가 공급되기만 하면 우리의 뇌와 장기들, 생각과 감정과 기운이 다시 살아난다. 존재가 가진 생명력이 다시 꿈틀댄다. 맑은 하늘 아래 상쾌한 공기를 마시며 걸어가는 사람에게 우울과 낙심의 기운이 틈타기란 어렵다.

불과 반 세기 전 사람들이 집 밖으로 나가기만 하면 누릴 수 있었던 맑은 공기와 안전한 대기가 우리에게는 더 이상 거저 주어지는 당연한 것이 아니다. 언젠가 나는 아침에 잠도 깨고 정신을 차릴 겸 가벼운 산책을 나갔다가 황급히 다시 집 안으로 들어온 일이 있다. 공기 중에서 뭔가 타는 듯한 불쾌한 냄새가 났기 때문이다. 스마트 폰을 열어 날씨 앱을 들여다 보니 미세먼지 매우 심각함 수준이었다. 유년 시절부터 코 끝에 맑은 바람을 쐬며 밖으로 싸돌아 다니기 좋아해서인지 나는 코가 잘 발달한 편이다. 환경의 변화를 잘 감지한다.

이런 나로서는 정말 이해할 수 없는 것이 이처럼 당장 우리 눈앞에 닥친 가장 중요하고 본질적인 대기의 질이나 기후 변화와 같은 문제들을 강 건너 불구경하듯 하는 언론과 정치인들이다. 겉으로는 환경을 생각하고 걱정하는 듯하지만 결정적인 순간엔 개발로 이익을 얻는 자들의 손을 들어주며 지구를 배반한다. 단 며칠 동안 사용할 동계 올림픽 경기를 위해 수백 년 동안 보존되어 온 산과 숲을 무참히 파괴해 버리는 것이 그 단적인 예다. 기존의 시설을 활용할 수 있는데도 말이다. 또한 날마다 변하는 주식 시세를 들여다보며 일희일비하지만 정작 자신이 매 순간 숨쉬고 있는 공기의 질이 어떠한지, 어떻게 나빠지고 있는지에 관해선 전혀 무감각한 개인들 역시 마찬가지다.

무엇을 바라보고, 무엇을 추구하며 살 것인가는 각 개인의 자유다. 무엇을 먼저 보느냐에 따라 각자에게 우선적으로 보이는 것, 자각되는 것도 모두 다를 것이다. 그러나 지금 이 시대 환경이나 대기 그리고 기후 위기의 문제는 그저 각 개인의 관심사적 다양성이라는 논리보다는 우리 모두가 관리하고 책임져야 하는 공공재산이라는 관점에서 접근해야 한다. 이미 우리는 오래전부터 '공유지에서 일어나는 비극[14]'이라는 댓가를 치르고 있다.

너나 할 것 없이 코로나 시대 이후의 새로운 삶의 표준인 뉴 노멀(New Normal)에 대해 말하고 있지만 평범한 다수의 문제 인식과 변화를 위한 실천이 없다면 코로나 종식 이후의 세계가 저절로 좋아질 리는 없다. 오히려 그 동안 억눌린 욕망이 한꺼번에 분출하면서 또 다른 환경 문제들을 양산해 낼 것이다.

우리의 생존을 위해서 식량과 물, 공기는 절대적이다. 그중에서도 공기(=대기=기후)는 다른 모든 만물을 있게 하는 근본이다. 누구나 아는 사실이다. 걷기는 그런 공기와 나를 가장 직접적으로 대면시키는 행위다. 푸른 하늘 아래 맑은 공기를 마시며 걷는 나와 잿빛 공간 속에서 탁한 공기를 마시며 걷는 나는 생물학적으로는 같아도 그 실존은 완전히 딴판인 사람이다. 공기와 대기는 바로 우리 실존의 문제. 실내에만 머물러 있으면서 걷기의 감각을 잃어버린 사람들은 이 실존의 문제에 무감각해진다. 성능 좋은 공기청정기만 있으면 된다는 식의 기만적인 함정에 빠지게 된다.

당연한 말이겠지만 걷는 사람은 그 시대의 현실 공간 속을 가로지르며 걷게 된다. 그러므로 걷는 사람은 그 시대가 드러내는 가장 원초적인 문제에 대해 깨어 있기가 더 유리하다. 코로나 이후의 세상에 새로운 희망이 있다면 그 희망은 걷는 사람들에게 있을 것이다. 걸으며 탄식하고, 걸으며 아파하는 사람, 걸으면서 새로운 삶으로의 전환을 모색하는 사람들 말이다. 걷기는 그 자체로 뉴 노멀, 새로운 삶의 표준을 실천하는 것이다. 걷는 사람이 희망이다.

회복에 대하여

오래 전 일이다. 새로 이사한 집 옥탑방 계단에서 굴러 강철로 된 난간에 부딪히는 사고를 당했다. 난생 처음 119 앰뷸런스에 실려 병원 응급실로 갔다. 그 결과 요추 횡돌기 골절, 엉치 근육 파열, 허리 타박 등의 무척 심각한 부상을 당했다. 충돌하던 순간의 그 끔찍한 고통과 공포를 지금도 내 몸은 기억한다.

부딪힌 몸속에서는 불이 살아서 활활 타오르는 것만 같았고 부상을 당한 근육을 조금이라도 움직이면 그곳에 마치 번개가 내려치는 것만 같은 고통이 찾아왔다. 허리, 옆구리, 엉치를 동시에 다치고 보니 자리에 반듯이 누울 수조차 없었다. 피곤한 몸을 누일 수조차 없는 신세가 참으로 처량했다. 처량함은 둘째 치고 다친 몸이 초래하는 불편함은 아주 구체적이면서도 집요했다. 화장실이라도 한번 가려면 마치 뒤집힌 딱정 벌레류가 제 몸을 제대로 일으키기 위해 긴긴 시간을 바둥거리다 겨우 일어나듯 갖은 고생을 해야 했다. 화장실에 도착할 즈음에는 오줌보가 터지기 직전이었다.

의사가 회복될 것이라 예측했던 일주일, 열흘, 보름이 지나도록 큰 차도가 없자 내 육체가 이렇게 영영 무너져 내리는 것은 아닐까 하는 '장애'에 대한 두려움이 엄습했다. 사실은 처음 사고를 당하는 순간부터 나를 사로잡은 두려움이었다. 이후로 내 육체는 내리막길을 걷게 될 것이라는 불길한 직감 같은 것이었다. 그런 불안한 생각에 사로잡힐 때면 괜히 신경이 예민해지고 감정이 날카로워져서 아주 작은 일에도 번번이 가족들에게 소리를 질렀다. 낫게 될 것이라는 확률적이고 객관적인 통계는 아직 낫지 못하고 있는 환자에게는 여전히 불

확실하고 불안한 미래일 뿐이었다.

그러나 지금 돌이켜보면 내가 육체적으로 정신적으로 그렇게 아파하고 고통스러워하던 그 시간에도 내 몸은 아주 조금씩 서서히 회복되고 있었다. 30분을 이리저리 바둥거려야 일어날 수 있었던 시간이 20분이 되고, 다시 10분으로 줄어들었다. 제대로 누울 수가 없어 엎드려 자다 보면 목이 불편하고 온 몸통이 너무 무겁게 느껴져 수시로 잠을 깨던 것이 천천히 아주 천천히 그러다가 어느 순간 별 고통 없이 두 다리를 쭉 펴고 누울 수 있게 되었다.

차에 한 번 오르거나 하는 일상적 행위들도 매우 작은 동작으로 잘게 잘게 나눠서 해야만 했는데 그런 일들이 점점 수월해지더니 마침내 한 번에 할 수 있게 되었다. 내가 생각한 바대로 어떤 작은 행위를 막힘없이, 고통 없이 해낼 수 있었을 때의 그 작은 성취가 나를 얼마나 감격스럽고 눈물겹게 해주었던가!

그렇게 신기할 수가 없었다. 처음 강철 난간에 충돌할 때만 해도 그토록 약하고 쉽게 부서져 버릴 것만 같던 육체가 그 고유한 내적 생명력을 가지고 비록 더디지만 뚜벅 뚜벅 제 길을 가듯 회복 시스템을 가동시켜 나가는 그 과정에 대한 체험이 참으로 기쁘고 고마웠다.

제 아무리 단단해도 한번 찌그러진 강철은 결코 제 힘으로 재생되지 못한다. 그러나 하마터면 부러질 뻔했던 그 여린 몸속에는 다시 제자리를 찾아가는 힘과 내적 생명력이 있다. 더 기쁜 것은 지금도 많이 좋아졌지만 앞으로도 계속 회복될 것이라는 점이었다.

그래서 우리 집의 그 사고 현장은 나에게 어떤 트라우마의 기억을 환기시키는 장소가 아니라 마치 어떤 역전극이 펼쳐진 승리의 장소인 것처럼 느껴진다. 나는 가끔 의미심장한 미소를 지으며 내가 충돌했던 그 날카로운 강철 난간을 쓰다듬기도 한다.

물론 세상에는 도무지 회복이 불가능한 안타까운 질병이나 상실도 있다. 그러나 비록 한 번 무너진 육체는 다시 회복되지 않는다 할지라도 그 안타까운 삶의 자리에서 다시 출발할 수 있기 위해서라도 마음의 '회복'만이라도 절실히 요구되는 것이다. 그렇기에 몸의 회복이든, 마음의 회복이든 어떤 경우라 해도 이 '회복'이라는 단어는 우리에게 더욱 소중한 희망의 빛으로 다가오는 것이다.

한 세상 살면서 우리는 사고나 질병으로부터 온전히 자유로울 수 없다. 그러나 다시 좋아졌고, 나았고, 회복되었기에 우리는 지금 이 순간 우리 모두가 서 있는 그 각자의 자리에 있을 수 있는 것이 아닌가?

우리 모두에게는 숱한 육체적, 정신적, 관계적 상처와 아픔이 있었지만 또 그에 비례하는 회복의 경험과 기쁨이 있었다. 그 회복의 경험은 우리가 당연하게 누리던 것들을 선물로 바라보게 해 주었고, 그래서 우리의 삶을 풍성하게 해 주는 '덤'의 효과가 있다.

나는 이번 사고와 회복의 과정을 통해 나에게 주어진 건강이 영원한 것이 아니라 잠시 내게 신비롭게 맡겨진 것임을 깨닫게 되었다. 그것은 나로부터 언제라도 회수될 수 있는 것이며, 어느 한순간 잃을 수도 있는 것이다.

그렇기에 건강이 주어져 있는 시간을 달리 보면 환희와 신비로 가득한 시간이다. 다만 우리가 무뎌져 있을 뿐.

그리고 또 한 가지 사실. 건강이든, 관계든 나에게 그 소중한 것들이 주어져 있을 때 오직 나만이 이 지상에서 할 수 있는 그 하늘의 뜻을 기쁘게 수행해야 한다는 것이다. 그것은 어떤 의무가 아니라 기쁨이다. 나만이 할 수 있는 특권이요, 놀라운 초대다.

내 삶에 찾아와 주었던 그 회복의 고마운 기억이 다시 무뎌지기 전에 이렇게 기록으로 남긴다.

제2부

걷기학교 이야기

걷기학교란 무엇인가?[15]

걷기학교는 교사 한 명과 학생 한 명이 한 조가 되어 함께 걷고, 대화하고, 또 때로는 침묵하면서 자신을 깊이 알아가기 위해 자연 속에서 열리는 들판의 학교다. 작게는 두 사람부터 많게는 10여 명 내외의 사람들로 구성된다.

걷기학교에서는 산과 들, 강과 바다가 교실이자 선생님이며, 걷는 행위 자체가 가장 중요한 교육과정이다. 함께 걷는 교사는 친구이자 동료인 동시에 아이의 이야기를 깊이 들어주는 멘토가 된다. 걷기학교에서의 걷기는 단순한 이동 행위로서의 걷기나 특정한 목표 지점에 가 닿기 위해 전진(前進)하는 걷기가 아니다. 자신의 삶과 관련된 질문들을 가슴에 품고 홀로 사색하고 멘토 교사와 함께 대화하면서 자신을 알아가는 사색(思索) 과정으로서의 걷기다.

걷기학교는 참여한 학생이 누구든, 어떤 사정으로 오게 되었든, 온전히 환대하고 존중함으로써 기존의 관계와 시간 속에서 경험하기 힘들었던 존중의 공동체를 경험하고 함께 만들어 가는 곳이다.

아름다운 자연 속에서의 걷기가 유발하는 자유로움과 생명력, 신뢰할 수 있는 멘토 교사와의 편안한 대화가 주는 격려, 서로의 진심을 나누면서 경험하게 되는 서클에서의 연결과 치유, 이것들이 씨줄과 날줄로 서로 교차하며 강력한 시너지 효과를 발휘한다. 이를 통해 아이들은 자신을 보다 깊이 이해하고 사랑할 수 있는 삶의 방향으로 한 발 더 다가설 수 있게 된다.

걷기학교의 교육과정

걷기학교의 교육과정은 크게 '걷기, 서클 대화, 공동생활' 3요소로 구성된다.

1. 걷기

우리 아이들이 경험하는 걷기는 대중교통을 이용하기에는 애매한, 짧은 거리나 장소를 이동하기 위한 수단으로서의 걷기가 대부분이다. 어른들 또한 걷기가 우리의 육체와 정신에 두루 좋다는 것은 잘 알고 있지만 바삐 돌아가는 삶의 한복판에서 왠지 비효율적이고 뒤처지는 것 같은, 느린 걷기를 선택하기는 쉽지 않다.

그러나 걷기학교에서는 아주 짧은 시간에 도착할 수 있는 자동차의 편리함과 효율성을 포기한다. 오히려 자동차를 이용하면 금방 가 닿을 수 있는 거리와 공간을 넉넉하게 확보해 놓고 천천히 느리게 그 공간을 즐기며 유람하듯, 놀이하듯 걸어 나간다.

지도 속의 한 점에서 다른 점으로 빠르게 이동하는 삶의 패턴에 익숙해져 있는 아이들에게 자신들이 걸어야 할 이 물리적 거리는 처음에는 가히 두려움 그 자체요, 걷기란 마지 못해 해야만 하는 노동의 일환으로 다가온다.

그러나 이런 초기 저항감은 길을 나서자마자 이내 사라지기 시작한다. 자동차로 이동하면서 스치듯 관망하던 그 공간과는 전혀 다른 차원의 세계에 들어와 있다는 것을 알게 되기 때문이다. 정해져 있던 삶의 동선에서 벗어나 지천에 널린 맑은 공기와 스치는 바람을 느끼며 걷다 보면 그동안 자신을 둘러싸고 있던 관계와 의무들로부터 풀려난 듯, 자유로움과 해방감이 뜻밖의 선물처럼 찾아오기 때문이다. 이 변화를 자각하게 되면 이제 걷기는 '걷는 휴가'(walking holiday)로 전환된다.

걷기학교는 참가자들, 특히 학생들의 걷기에 대한 저항감이 자연스럽게 전환될 수 있도록 코스가 설계되어야 한다. 따라서 걷기의 부담을 가중시키는 과도한 장거리 코스를 피하고 맑은 공기, 신선한 바람, 멋진 풍경을 만끽할 수 있는 청정한 지역을 선택하여 걷는 것이 좋다. 하루에 15km 정도를 기준으로 삼고 참가자들의 개인차나 상황에 따라 조절한다.

같은 거리라 해도 높은 산이나, 고개를 넘는 코스보다는 낮은 구릉, 평원, 해안을 지나는 올레길, 둘레길, 해파랑길 등의 코스가 더 좋다. 높은 산이나 고개를 넘느라 에너지를 쏟다 보면 멘토 교사와의 대화, 자신에 대한 사색과 성찰의 시간, 편안하게 자연을 재발견하는 기쁨들을 놓치기 쉽기 때문이다. 물론 계절과 날씨, 또 참가자들의 성향이라는 변수에 따라 각자가 경험하는 깊이는 모두 다를 수밖에 없다.

어떤 길을 선택하든 걷기학교에 참가한 이들을 깊이 환대하고, 길 위에서의 발걸음들을 축제로 승화시키고자 하는 뜨거운 마음이 있는 한 모든 길들은 다 아름답다.

2.) 서클 대화

걷기학교는 국토 대장정 혹은 전교생 OO산 종주 등의 걷기 활동과 달리 서클 대화가 가능한 범위 내로 참가 인원을 제한한다. 서클 대화모임은 걷기와 더불어 걷기학교의 큰 축이다.

서클은 누구나 가슴으로부터 자신의 진실을 말하고, 듣는 이들은 다른 이들의 이야기를 평가하지 않고 공감으로 듣는 온전한 연결의 대화 공간이다. 서클 대화에서는 가르치는 자와 배우는 자로 분리되지 않으며 모두가 다른 사람들이 나누어 준 살아있는 삶의 이야기와 지혜로부터 배운다. 서클의 관계는 평등하며 모든 사람이 서클의 주인공이다. 관계가 회복되고 학교 공동체성이 강화되는 학교 현장의 서클도 유익하지만 걷기학교에서의 서클은 더더욱 유익이 크다.

먼저, 길을 떠나기 전 그 날 저녁에 나눌 대화의 질문16을 미리 제시함으로써 충분히 생각할 시간을 준다. '자신의 장점 세 가지는?', '어려움이 있었지만 잘 극복했던 경험은?' 등과 같이 아이들이 자신에 대해 긍정적인 시각을 회복할 수 있도록 돕는 질문을 주로 제시한다. 걷다가 심심해질 때 혼자 생각해 보거나 멘토 교사와 함께 브레인스토밍을 해보기도 하면서 평소보다 깊이 자신을 돌아볼 수 있는 기회로 안내한다.

걷기를 시작하면 서서히 몸이 따뜻해지다가 충분히 걷고 난 후에는 몸이 활짝 열리게 된다. 경직되어 있던 몸이 풀리고 나면 생각이 밝아지고, 기분은 살짝 상기되며 정신은 맑아진다. 당연히 사람과 사람 사이의 관계도 두어 발짝 더 가까워진다. 서클 대화모임을 하기 전에 이보다 더 좋은 워밍업 활동을 찾아볼 수 있을까?

걷기학교의 서클은 특정한 시간과 장소에 국한되지 않고 언제라도 열 수 있는 유연함이 있다. 걷기 전에 서로의 기분과 상태를 점검하는 체크인 서클, 걷다가 피곤할 때 잠깐 쉬면서 나누는 브레이크 타임 서클, 경치가 멋진 곳에서 다른 일행들과 함께 나누는 감동 서클 등등 다양하고 창의적인 서클을 통해 걷기학교의 매 순간 순간들이 서로에게 깊게 이어지고 연결된다.

3.) 공동생활

학생 중에 자신이 속한 학급이나 학교를 건강한 공동체로 경험하는 아이는 얼마나 될까? 참 어려운 일이다. 이런 저런 사연을 안고 걷기학교에 오는 아이일수록 더욱 그렇다. 그러나 일단 걷기학교에 오면 - 이들은 교사의 제안을 받아들여 자발적으로 온 아이들이므로 - 자신이 신뢰하거나 좋아하는 교사와 함께 여러 날을 동행하는 아주 특별한 공동생활이 시작된다. 같은 숙소에서 잠을 자고, 같은 풍경을 보고 걸으면서 이야기를 나누고, 같은 식당에 들어가 밥을 먹는다. 이런 경험은 누구나 쉽게 할 수 있는 것은 아니다. 이런 일련의 공동생활을 통해 아이들은 학교에서 경험할 수 없었던 특별한 공동체를 경험할 수 있다.

길지 않은 여정의 걷기학교 일정에도 불구하고 참가자들이 진한 공동체 경험을 얻어갈 수 있는 중요한 요인은 휴대폰의 부재와도 관련이 깊다. 모든 과정이 마무리될 때까지 특별한 경우를 제외하고는 휴대폰을 사용하지 않는다는 원칙에 동의한 학생들이 걷기학교에 참가할 수 있기 때문이다. 평소 손에서 휴대폰을 거의 놓지 못하던 아이들은 처음에 무척 힘들어한다. 그러나 휴대폰의 부재는 아이들이 그동안 갇혀 있던 디지털의 세계를 빠져나와 몸으로 직접 자연을 만나고, 정서적으로 안전한 공간에서 사람들과 친밀한 교제를 나누는 것이 얼마나 즐겁고 풍성한지를 실감하고 배울 수 있는, 매우 드문 기회를 열어 준다.

이 기회를 잘 살릴 수 있도록 전체 서클 대화를 시작하기 전이나 중간에 마음 열기 놀이나 레크레이션 활동을 진행한다. 교사 연수에서 한 번쯤 접해 봤을, '바람이 붑니다'나 '동전이 누구 손에 있는지 찾기' 정도만 해도 아이들의 입에서는 웃음이 떠날 줄 모른다. 집이나 학교에 있는 보드게임 세트를 몇 개만 챙겨가도 아이들은 숙소에서 자연스럽게 어울려 스스로 놀이를 찾아내고 즐긴다.

걷기학교에서는 미리 공지된 주요 일정들을 제외하고, 안전을 위협받는 상황만 아니라면 거의 대부분을 참가한 아이들과 함께 결정한다.[17] 그래서 사전 답사를 할 때도 어느 정도의 지점에서 휴식을 취하는 것이 적절할지, 어떤 식당들이 주변에 있는지, 실제 교통편은 어떻게 되는지 정도의 정보만 미리 파악해 둔다. 아이들은 이미 짜인 프로그램에 맞추어 움직여야 하는 수동적인 존재들이 아니다. 걷고, 쉬고, 먹고, 놀고 하는 대부분의 과정에서 자신의 목소리를 낼 수 있고 선택할 수 있다.

서울대학교 행복연구센터가 조사한 바에 따르면 사람을 가장 행복하게 해 주는 것 1위가 여행, 2위가 걷기라고 한다. 걷기학교에는 여행과 걷기라는 두 가지 요소가 모두 들어 있을 뿐만 아니라 매우 조화롭게 결합되어 있다

짧은 한 번의 걷기학교 경험으로 아이들의 삶이 드라마틱하게 변할 수는

없지만 아이들은 그 동안 자신에게 익숙해 있던 삶의 방식과는 매우 다른 차원의 새롭고 건강한 삶의 방식을 경험할 수 있다. 어둡고 시끄러운 PC방 대신 밝고 고요한 공간에서 자연의 힘과 아름다움을 자각하고 그것이 자신에게 발휘하는 영향력을 깨닫는다. 걸을 수 있는 건강한 자신의 몸을 자각하고 예찬하는 법을 배운다. 자신의 마음속에 담아두기만 했던 속 깊은 이야기들을 스스럼없이 말하고 들어주는 공동체를 통해 새로운 소통방식과 관계 맺기를 배운다. 교사와 학생, 어른과 아이라는 경계를 넘어 함께 어울리고 재미있게 논다. 이런 경험은 자신에 대해 새로운 관점을 회복하게 하고 스스로 생의 전환점을 만들어 가게 한다. 경험이 힘이 되고 작은 디딤돌이 되는 것이다.

이야기 하나 : 강릉에서 1기 걷기학교를 진행했을 때의 일이다. 오후 내내 비를 맞고 걸어서 목표지점인 사천해변까지 갔다가 숙소로 돌아오는 길에, 저녁 메뉴로 라면 이야기가 나왔다. '패스트푸드 금지'라는 무언의 원칙이 있기는 하지만 하루 종일 비가 내렸고, 또 그 비를 맞으며 해수욕까지 하고 돌아오던 길이라 모두가 동의했다. 대신 그냥 라면이 아닌 해물 라면으로! 그길로 아이들과 함께 강릉 어시장에서 장을 보았다. 아이들은 그날 저녁, 먹음직스럽게 익은 새우와 꽃게가 들어간 해물 라면으로 잔치를 벌였다. 함께 삶은 바다 고동도 신기한 듯 파먹었다. 아이들에게도 교사들에게도 쉽게 잊혀 지지 않을 특별한 저녁식사의 추억이 이렇게 탄생 되었다. 걷기학교의 공식적인 일정이나 교육과정은 아니지만 이런 소소한 공동생활의 경험들이 여행을 더 풍성하게 하고 아이들의 만족도를 높여준다.

누구와 함께 갈 것인가?

교사의 눈에 한 번 더 띄는 아이, 한 번 더 생각나는 아이, 교사의 마음을 아프게 하는 아이. 걷기학교는 어느 아이에게나 새로운 변화와 도전을 선물해 줄 수 있는 곳이다.

함께 걷다 어느 지점이 되면 아이는 자신의 이야기를 시작한다. 걸으면서 보이는 풍경에 대한 대화를 하다가 문득 떠오르는 생각을 이야기하기도 하고, 소소한 질문 하나를 던지면 그 질문을 바탕으로 이야기를 시작하기도 한다. 때로는 교사와 아이가 아무 말 없이 함께 걷는 그 길 자체에서 평안함과 안정감을 느끼기도 한다. 교사 마음에 머물러 있는 아이라면 누구나 괜찮다. 함께하는 그 길이 아이에게도, 교사에게도 어느 순간 마음의 문을 여는 귀한 선물이 될 것이다.

⑴. 매사에 무기력한 아이

⑵. 학습 능력이 있음에도 불구하고 학습의 의욕이 없는 아이

⑶. 열등감이 있거나 자존감이 낮은 아이

⑷. 교내 규범을 쉽게 어기는 아이

⑸. 폭력적인 행동을 보이는 아이

⑹. 가정형편이 어려운 아이

⑺. 친구 관계가 어려운 아이

위의 일곱 가지 항목의 아이들은 대부분 학교생활을 힘들어하는 아이들이다. 이 아이들의 변화를 원한다면 걷기학교에 손을 내밀어 초대해 보자.

이야기 하나 : 학기 초에 어머니와의 갈등으로 집에 가기 싫어하는 반 아이를 상담한 후 1기 걷기학교에 초대했다. 2박 3일 함께 먹고, 걷고, 이야기 하는 중에 아이가 자라온 과정을 충분히 듣게 되었다. 좋은 풍경을 보고, 맛있는 것을 함께 먹으면서 그 아이는 내면 이야기를 들려 주었고 나는 충분히 들으며 공감해 주는 시간을 가졌다. 걷기는 그 아이에게 생각할 시간과 자신의 이야기를 할 시간을 허락해 주었다. 걷기학교를 다녀온 후 어머니와의 갈등은 쉽게 사라지지 않았지만 아이는 그 갈등을 이겨낼 힘을 얻은 듯 했다.

이야기 하나 : 고등학교 1학년, 1등 성적으로 반에 들어온 아이가 학기 중반이 지나면서 무단지각이 잦아졌고, 등교하고 나서부터 하교 시간까지 내리 잠만 자는 모습이 보였다. 여러 번 상담을 진행했지만 좀처럼 나아지지 않았다. 무언가 변화가 필요해 걷기학교에 초대했다. 아이는 선뜻 가겠다고 했고, 부모님의 동의를 구하고 2박 3일을 함께 걸었다. 이 아이의 '무기력증은 어디서부터 왔을까?'가 나의 고민이었다.

걸으면서 아이의 다른 면을 보았다. 걷기를 좋아하며, 여행을 좋아한다는 것이었다. 그래서 걷는 내내 밝은 모습을 보였다. 더욱이 걷기학교에 참여한 동생들에게 점심을 먹은 후 음료수를 사주는 형다운 면모를 보여주기도 했다.

아이와 대화를 하다 어머님의 부재로 지각이 잦아지고, 게임에 빠지고, 무기력해진 것을 알 수 있었다. 아이와 걸으며 진로 목표에 관련된 이야기를 많이 나누었다. 걷기학교 후 지각은 줄어들었고 학교생활에 활력을 되찾은 모습을 볼 수 있었다. 또 한번 걷기의 힘을 믿게 되었다.

무엇을 어떻게 준비할까?

1.) 교사 모집

- 아이들에게 걷기를 통해 변화와 회복의 계기를 만들어 주고 싶은 교사

2). 아이 선정 및 초대

① 부모와 아이에게 걷기학교의 취지를 충분히 설명
② 지켜야 할 규칙(휴대전화 사용 금지)에 대해 충분한 안내 필요
③ 교사와 1:1 멘토 멘티가 되어 함께 걷는다는 것 설명

3.) 장소 선정

① 아이들과 함께 걷기에 좋은 장소
② 계절과 날씨에 따른 장소

4.) 사전 모임

① 날짜 및 장소 선정
② 함께 걷는 학생들 정보 공유와 프로그램 논의
③ 교사 역할 분담
  - 예산 계획 세우기
  - 차량 및 교통수단 예약, 숙소 및 식당 예약
  - 초대장 및 신청서 만들기

- 여행자 보험 가입 안내

- 식사 메뉴 선정 및 식사 재료 준비

- 저녁 프로그램 준비(공동체 게임 및 서클 대화), 간식 준비

- 비옷 및 의약품 준비

④ 후원자 및 후원금 모집

- 학교에서 학교생활 부적응 학생 지원을 위한 교내 예산 가능 여부 확인

- 걷기 학교 프로그램에 후원할 사람이나 단체 모집

5). 사전 답사

① 숙소(방, 프로그램 장소 확인) 및 음식점 답사

② 걷는 길 안전 유무와 총 걷는 시간 확인

③ 걷는 길에 있는 화장실 유무 확인

이야기 하나: 1기 걷기학교 준비모임을 통해 가게 된 강릉 바우길은 초여름에 걷기 딱 좋은 길이었다. 바닷가 옆에 있는 길로 바닷바람을 맞으며 걸을 수도 있었고, 소나무 숲길의 그늘을 만끽하며 걸을 수 있는 길이었다.

참여한 교사들이 조사해 온 여러 길 중에 더운 날씨를 예상하여 강릉 바우길을 선택했다. 답사에서 입구와 출구를 확인하였고, 동선을 확인하여 식사 장소를 선정하였다. 학생들과 걷는 날에는 비가 와서 준비한 우의를 입고 걷기도 하였고, 사천해변에서는 학생들과 함께 해수욕을 하는 기회도 가졌다.

준비가 미흡했던 것 한 가지는 숙소로 돌아오는 버스 시간을 확인하지 않았던 점이다. 다행히 오래 기다리지 않아 버스가 오기는 했지만 버스가 자주 다니는 길이 아니었기에 30~40분 가량을 기다려야 하는 상황이 생길 수도 있었다. 답사는 걷기학교에 참여할 교사 모두 참여하는 것을 추천한다. 그래야 일정에 변수가 생기더라도 지혜롭게 해결할 수 있기 때문이다.

6). 걷기 학교 초대장, 신청서, 학생 서약서, 학부모 동의서, 참가 소감문 양식《부록 참조

걷기학교는 왜 필요한가?

학교현장은 생활교육 특히 학교폭력과 관련해서 매뉴얼이 넘쳐나는 곳이다. 학생, 동료교사, 학부모를 대상으로 무슨 무슨 교육을 분기별로 몇 번씩 해야 하는지, 학생들이 문제를 일으켰을 때 어떤 과정과 절차를 거쳐야 하는지, 어떤 벌을 줄 수 있는지 등등, 생활지도의 전 과정에 걸친, 매우 세세하고 미시적인 매뉴얼을 제시하고 있다.

그러나 그 매뉴얼이 정말 교육적인 가치와 생각들을 담고 있는지에 대해서 선뜻 동의하기는 쉽지 않다. 또한 이 매뉴얼은 교사에게 때때로 경찰이나 수사관의 역할을 하라고 요구하는 듯하며 학생들을 가해자 혹은 피해자라는 이분법으로 바라보도록 유도한다.

하지만 그 매뉴얼에 따라 학교폭력대책자치위원회에서 결정된 조치대로 학생들을 지도하려고 해도 변화의 계기를 만들어 줄 수 있는 마땅한 기관이나 대안적 프로그램은 찾아보기 힘들다. 물론 사회복지관 같은 기관들에서 진정성 있는 노력으로 특별교육 프로그램들을 진행하고 있다. 그럼에도 학생들의 내면을 건드리거나 삶이 변화되는 계기를 마련해 주는 경우는 드물다. 오히려 여러 학교의 꾸러기들이 한 자리에 모여서 부정적인 강화를 받거나 학교 외부의 네트워크와 연결되어 더 복잡한 문제를 안고 학교로 복귀하는 경우도 있다.

특별교육 프로그램이 정말 효율성 있게 운영되기 위해서는 학생들의 내면에 잠재해 있지만 여러 부정적인 환경으로 인해 그동안 철저하게 가려져 온 자신의 진정한 자아와 조우(遭遇)하고 성찰할 수 있는 어떤 '전환적인 경험'이 절실하다.

　만일 한 학생이 다람쥐 쳇바퀴 돌 듯 하는 반복적인 일상을 벗어나서 단 며칠 동안만이라도 자신을 존중하고 경청하는 사람과 함께 걷거나 홀로 걸으면서 내면으로부터 들려오는 이야기에 귀 기울이고 더 나아가 삶의 항로에 대한 생각에 집중할 수 있다면 그 의미는 기존의 프로그램들과는 비할 수 없이 클 것이다.

　걷기가 인간의 육체적, 정신적 복지에 미치는 긍정적인 효과는 이미 입증되었으며 올레(둘레)길 걷기, 국토종주, 인문학과 결합한 걷기 프로그램 등에 치유와 회복을 꿈꾸는 많은 사람들이 몰려들고 있음은 주지의 사실이다. 그러나 도움이 필요한 학생을 지원하고 그들에게 손을 내밀어 삶의 전환점을 만들 수 있는 계기를 제공해주기 위한 차원의 걷기 교육 프로그램은 아직 발견하지 못했다.

　오랜 기간 학교에서 학생 인권 생활부장 역할을 하며, '걷기 학교'는 여기에 참여하는 학생과 교사, 학교 공동체 모두에게 매우 유익하다는 것을 몸소 확인하고 경험하였다.

　교육의 가장 중요한 두 축이 수업과 생활교육이라는 것은 누구나 인정하는 사실이다. 그러나 학교와 공교육에 오래 몸담고 있다고 해서 저절로 수업의 전문가가 되지는 않는다. 생활교육도 마찬가지다. 학교 또는 공교육 속에서 꾸러기 아이들은 교사들에게도 여전히 부담스러운 존재이다. 복잡하게 얽혀 있는 삶의 맥락에서 다양한 어려움을 겪고 있는 아이들을 제대로 이해하고, 그 아이들의 변화와 회복의 길을 찾아가기 위해선 고도의 전문성이 있어야 한다. 그러나 이것은 학교의 우선순위가 아니다. 씁쓸한 이야기지만 학교는 교육기관이라기보다는 평가기관 내지 행정기관의 성격이 더 강하다.18

문제가 있음에도 불구하고, 아니 문제가 있기에 더더욱 도움과 지원이 필요한 아이들이지만, 과연 학교는 그 아이들이 필요로 하는 것을 줄 능력이 있는가? 힘든 아이들은 학교 내에서 얼마간 버티다가 결국 홀로 단절되거나 학교 밖으로 밀려나게 된다. 그 결과 학교 밖 청소년들의 문제도 심각한 것이 오늘의 현실이다.

걷기학교는 그동안 학교가 도외시해 왔거나 외면해 온 학생들을 끌어안는 새로운 방식의 대안적 프로그램이다. 진행이 어렵거나 부담스럽지도 않다. 그냥 아이와 함께 단순히 걷고, 대화하고, 같이 노는 것이 핵심이다. 주말이라는 짧은 시간이지만 아이에게는 그 시간이 결코 짧게 간직되지 않는다.

신기한 일이 있다. 여기에 참여하는 '아이'를 온전히 중심에 놓고 모든 것을 진행하는데도 교사의 만족도가 매우 높다는 것이다. 걷기 학교에 온 아이 못지않게 교사가 더 좋아한다. 자연 속에서의 힐링, 걷기를 통한 활력, 무엇보다 한 아이와의 깊고 전면적인 만남이라는 선물을 얻고 돌아가기 때문이다.

이를 통해 교사는 자신이 학교라는 조직 내에서 행정 업무를 하기 위해 필요한 사람이 아니라 바로 아이들을 돕기 위해 필요한 사람이었다는 그동안 놓치고 있었던 사실을 깨닫게 된다. 그 본질적 역할을 수행하는 것이 얼마나 큰 기쁨이고 보람인지 경험하게 된다. 그러니 걷기 학교는 꼭 아이를 위해서만 필요한 것은 아니다. 교사 역할의 회복, 교사라는 정체성의 재발견, 교육의 본래 기능 회복을 위해서도 걷기 학교는 필요하다.

걷기학교 예산 이야기

걷기학교는 일종의 도보여행 학교다. 교사와 학생들이 팀을 이루어 움직이려면 당연히 예산이 있어야 한다. 처음 걷기학교를 구상하고 실행에 옮기기까지 오랜 시간이 걸린 이유도 알고보면 예산 확보의 어려움 때문이었다. 그러다가 학교 교육 현장의 난제는 교사가 직접 그 답을 찾아보자는 취지로 소정의 연구비를 지원해 주는 좋은교사 X-프로젝트에 선정이 되어 걷기학교를 출항시킬 수 있었다.

채 100만원이 좀 안되는 소정의 연구비였지만 걷기학교를 시작할 수 있다 생각하니 내게는 상당히 큰 액수로 느껴졌고 어떤 일이라도 해낼 수 있을것처럼 마음이 든든했다. 하지만 느낌은 느낌일뿐 막상 강릉으로 1기 걷기학교를 다녀오고 보니 그리 넉넉한 예산은 아니었다. 1기 걷기학교는 교사와 학생을 포함 모두 7명이 움직였는데 강릉 왕복 교통비, 2박 3일의 숙박비와 식비만으로도 1차 지원금은 거의 다 바닥이 나고 말았다. 연구비를 단번에 다 지급하는 것이 아니라 1차로 절반을 지원하고, 연구 보고서를 제출한 뒤에 나머지 절반을 지원하는 방식이었기 때문이다. 다행히 1기 걷기학교는 그 이후로 진행될 걷기학교의 전설로 남을만큼 성공적으로 진행이 되었다.

잠시 다른 이야기지만 나는 늘 이상을 꿈꾸고 호기심이 넘치고 아이디어가 많은 유형의 인간이다. 하지만 그 아이디어를 막상 현실에서 구현해보면 기대했던만큼의 결과가 잘 나오지 않는 경우가 대부분이었다. 이상과 현실의 격차는 컸다. 그러나 걷기학교는 달랐다. 기대했던 것 이상의 성공적인 결과물이 나왔다. 성공의 기준이란 사람마다 다르겠지만 내가 말하는 기준은 매우 단순하다. 그 일을 기쁨으로 또 하고 싶은가 그렇지 않은가 하는 것이다.

　나는 1기 학교를 진행하면서 마음속으로는 벌써 2기는 어디로 다녀올까 하는 행복한 고민을 하고 있었다. 나뿐만 아니라 다음 번 걷기학교를 구상하는 1기 걷기학교 원정대 선생님들의 목소리에도 다분한 기대와 즐거움이 묻어 있었다. 예산의 부족 따위는 문제가 아니었다. 2차 지원금이 들어올 때까지 기다릴 필요도 없었다. 나는 X-프로젝트가 지원하는 연구비에 해당하는 금액을 사비로 충당했다. 이후로 곳곳에서 펼쳐질 걷기학교를 위한 마중물이라 생각하니 그 돈이 하나도 아깝지 않았고 오히려 감사했다. 이외에도 함께 걷기학교를 진행하던 선생님 한 분과 또 당시 사교육걱정없는세상 공동대표이셨던 송인수 선생님께서도 정기 후원을 시작해 주셨기에 이후에 진행될 걷기학교에 대한 당장의 재정적인 고민은 덜 수 있었다.

　그러나 외부 기관이나 개인으로부터 후원을 받아 운영하는 걷기학교는 보편적인 모델은 될 수 없었다. 그 고민을 해결해 준 것이 당시 내가 근무하던 학교에서 자체적으로 진행한 걷기학교였다. 당시 신능중학교는 대외적으로 크게 알려지진 않았지만 혁신 교육에 대한 철학과 실행력을 겸비한 교사들이 다수 포진하고 있었다. 교사 공동체 전반의 협력적인 분위기가 좋았고 특히 회복적 생활교육의 기반이 잘 다져져 있었다. 학교생활에서 실수하거나 문제를 일으키는 학생들에게 단순히 페널티만 부과하고 끝내는 방식보다는 아이들이 자신이 일으킨 문제를 직면하고 책임지는 법을 배워가도록, 그래서 학교 공동체 속으로 다시 통합되도록 교육하고 지원하고 안내하는 시스템을 갖추기 위해서 많은 교사들이 힘을 쏟았다. 또한 겉으로 드러나게 문제를 일으키지는 않지만 무기력한 아이나, 가족 문제를 포함한 여러 요인으로 인해 학교생활을 힘들어하는 아이들이 무너지지 않고 그 힘든 시기를 잘 이겨낼 수 있도록 학교 자체 예산을 사용하여 다양한 지원 프로그램들을 운영해오고 있었다. 회복적 생활교육이라는 패러다임, 그 패러다임 위에서 프로그램을 운영할 수 있는 교사와 예산까지 모든 것이 준비되어 있었다.

좋은 뜻을 가진 교사들과 예산이 있어도 방법을 모르거나, 방법을 알아도 돈이 없거나, 이미 검증된 프로그램과 예산이 있어도 실행력을 갖춘 교사가 없거나 하는 식으로 어느 하나만 어긋나도 힘들었을텐데 지금 돌이켜봐도 참으로 고맙고 뜻깊은 일이다.

더러는 학교의 공적 예산이 소수의 일부 학생들에게만 투입되는 것이 과연 바람직하냐는 문제제기를 하기도 하지만 공교육 기관으로서의 학교가 가진 예산의 최우선 순위는 학교 내의 사회적 약자에 해당하는 학생들을 돕고 지원하는 일, 그리고 학교 공동체를 통합 및 재통합하는 일들에 쓰여져야 한다고 나는 믿는다.

다행스러운 것은 지금은 혁신학교, 일반학교를 가리지 않고 대부분의 학교들마다 학교 생활중 어려움이나 위기를 겪는 학생들을 돕기 위한 예산들이 이미 책정되어 있다. 그렇지 않다면 회복적생활교육 운영비라는 항목을 추경이나 내년 예산에 반영하면 좋다.

지금 이 시대 대한민국의 학교나 교육기관들이 정말 돈이 없고, 예산이 부족해서 걷기학교와 같은 프로그램들을 실행하지 못하는 바는 아닐 것이다. 돈보다 귀한 것은 방황하던 아이들이 회복되고 성장해 가는 모습을 보는 것을 교사됨의 가장 큰 보람과 소명으로 삼는 교사들의 존재일 것이다.

나는 늘 꿈꾸며 생각해 왔다. 한 작은 별새와 같은 교사들이 뜻을 모아 힘겨운 아이들의 손을 잡고 다정히 길을 나서는 그런 교사 공동체를 말이다. 그런 교사공동체만 있다면, 그런 교사공동체를 만들어 낼 수만 있다면, 더 이상 주저할 일도 못해 낼 일도 없겠다.

함께 걸을까요? - Shall We Walk?¹⁹

걷기학교라는 말을 들으면 선생님들께서 가장 많이 해오는 질문이 걷기학교는 도대체 무엇을 하는 거냐? 어떻게 하는 거냐? 는 것입니다. 그래서 오늘은 제가 임시로 걷기학교 가이드가 되어 실제 걷기학교의 준비과정에서부터 진행 현장으로 여러분을 한번 안내해 보겠습니다. 이 가이드가 마음에 드시나요?^^

저는 평소에 학생들을 유심히 관찰합니다. 특히 교무실을 자주 드나드는 학생들을요. 물론 늘 좋은 일로 드나드는 것은 아닙니다. 친구들과 자주 갈등에 휘말리거나, 반복적으로 지각을 하거나 혹은 수업시간에 교사에게 불손한 언행을 하여 교무실에 불려왔는데도 여전히 화가 풀리지 않아 씩씩거리거나 하는 학생들입니다.

저는 그런 모습들을 가만히 지켜보면서 머릿속에 그림을 그리기 시작합니다. 저 아이와 함께 걷기학교를 떠나보면 어떨까? 사실 아이들을 더 섬세한 눈으로 바라볼 수 있게 된 것도 걷기학교를 시작하고 나서 생긴 유익이자 습관입니다. '쟤 왜 저래?' 하며 바라보던 못마땅한 시선이 '저 아이랑 걷기학교를 해보면 어떨까?', '저 아이의 안타까운 표면적 행위의 이면에 자리 잡고 있는 것들을 조금이라도 들여다 볼 수 있지 않을까?' 하는 기대와 호기심의 관점으로 전환이 된 것입니다. 신기한 일이지요.^^

머릿속으로 그림을 그리면서 여러 가지를 생각해 봅니다. 가장 중요한 질문은 '내가 가자고 하면 같이 갈까?' 하는 것입니다. 그러면 평소에 그 아이와의 관계가 어땠는지 한 번 점검하게 됩니다. 관계가 나쁘지 않았고 잘 설득하면 갈 것 같다는 가능성이 발견되면 다음 질문으로 넘어갑니다. '걷기학교가 이 아이에게 도움이 될까?'

물론 이런 질문에 대답할 수 있는 어떤 공식이 있는 것은 아닙니다. 그렇지만 어떤 느낌이 찾아옵니다. '아, 저 아이가 걷기학교에 다녀오면 너무 좋겠다. 정말 정말 좋겠다!'

그러면 그 아이를 섭외하기 위한 작전에 돌입합니다. 다른 말로는 꼬시기 작전입니다. 그 아이를 정식으로 초대하는 겁니다. 그런데 사실은 학생을 섭외하는 것이 생각만큼 쉽지 않습니다. 왜냐하면 학생의 입장에서 볼 때 이 걷기학교라는 것이 너무 생소하거든요. 걷기라는 행위도 별로 좋아하지 않는데 한 명의 교사와 자기가 일대일로 모든 일정을 동행한다 생각하면 참 부담스럽습니다. 학교라는 공간에서 이런 깊은 인격적인 만남을 경험해 본 적도 생각해 본 적도 없기 때문일 것입니다.

또 다른 어려움은 현재의 걷기학교가 주말에 진행된다는 것입니다. 친구들과 함께 놀고 싶기도 하고 PC방에도 가고 싶은데 오히려 휴대폰까지 사용을 못한다고 하니, 가고 싶은 마음이 들지 않는 것은 자연스러운 현상이지요. 그러나 가장 중요한 것은 '왜?' 라는 학생의 질문입니다. '많은 학생들 중에 왜 나에게 같이 가자고 했을까?' 하는 의문이 학생의 입장에서는 크게 다가올 수밖에 없습니다.

아이들은 학교에서 진행하는 특별한 프로그램에 참여해야 할 이유가 크게 두 가지 경우밖에 없다는 것을 경험적으로 잘 알고 있습니다. 자신들이 잘 했거나 혹은 벌을 받거나, 이 두 가지 경우밖에 없는 것이죠. 학생회 임원으로 참가하는 간부수련회 등을 제외하면 거의 대부분의 프로그램들은 뭔가를 잘 못했거나 책임져야 할 때 참여하는 프로그램들입니다. 선도위원회나 학교폭 력대책자치위원회에서 부과되는 특별교육, 특별상담이 그렇고 국어, 영어, 수 학 등 주요 기초 과목의 성적이 부진할 때 들어야 하는 특별보충 수업 등등이 그렇습니다. 특별이라는 단어가 붙은 프로그램이 사실은 어떤 특별하고 멋진 경험이 아니라 부정적이고 유쾌하지 못한 경험인 것입니다. '혹시 나에게 문제 가 있어서 억지로 데리고 가려는 것은 아닐까?' 하고 아이들이 생각하는 것도 어쩌면 자연스러운 것입니다.

그래서 오해하지 않도록 잘 풀어주어야 합니다.

"걷기학교는 소수의 선택된 학생들만 경험할 수 있는 특별한 선물과도 같 은 프로그램이다. 내가 보니 너는 심성이 착하고, 장점이 참 많은 아이인데 이런 저런 일들에 휘말려 학교생활을 힘들게 하는 것 같아서 안타까웠다. 이 걷기학교에서 나랑 같이 낮에는 멋진 풍경 속을 걷고 밤에는 레크레이 션이랑 서클활동도 하면서 좋은 시간을 한번 가져보자! 그러면 너도 평소 의 학교생활 속에서 느낄 수 없고 깨닫지 못했던 많은 것들을 배우고 깨닫 는 시간이 될 것이다. 네 평생 결코 잊지 못할 값진 경험이 되고도 남을 것 이다. 그리고 무엇보다 이 걷기학교를 위해서 선생님이 정말 좋은 숙소랑 훌륭한 맛집들을 벌써 다 찜해 두었다. (그리고 실제 숙소 홈페이지나 맛 집 등을 보여줍니다)"

이런 성의를 가지고 오감을 자극해 가면서 초대하면 여러분이라도 마음이 동하겠죠? 지금까지 이렇게 걷기학교에 초대한 아이들 중에서 거절한 아이는 단 한 명밖에 없습니다. 물론 걷기학교 출발 당일까지도 마음이 흔들리거나 가겠다고 했지만 왠지 용기가 나지 않는 아이와의 밀당은 계속됩니다. 그때마다 아이를 잘 다독거리며 담임교사와 합동 작전을 펼칩니다.

일단 아이를 섭외하고 나면 걷기학교의 중요한 고비를 넘은 것이나 다름없습니다. 걷기학교 신청서, 휴대폰 반납과 걷기학교 공동체를 존중하겠다는 약속을 담은 서약서, 보호자 동의서 등을 받고 혹시 모를 경우를 대비해 여행자 보험까지 들고 나면 드디어 떠날 준비가 다 된 것입니다. 물론 걷기코스 사전답사와 숙소 예약 등은 그 이전에 완료되어야 하고요.

걷기학교가 주말에 이루어지기 때문에 대부분 금요일 오후에 출발합니다. 대중교통을 이용하는 것이 원칙이기 때문에 버스 터미널이나 기차역에서 다른 학교 팀들과 집결한 후에 약속한 대로 휴대폰을 건네받고 버스나 기차에 오르면 이제 본격적인 걷기학교가 시작이 됩니다. 자, 여러분이라면 어디로 떠나고 싶으신가요?

참고로 먼저 저희가 걸었던 길과 과정을 소개해 드리겠습니다. 지난 2017년 한 해, "걷기학교 연구회"에서 2박 3일 걷기학교로 총 3회, 그리고 제가 근무하는 신능중학교에서 1박 2일 자체 프로그램으로 2회, 총 5회의 걷기학교를 진행하였습니다.

- 1기 (2017.7.14~7.16)-강릉 바우길 5구간 바다 호수길 (남항진항~사천해변 16km)
- 2기 (2017.9.8 ~ 9.10) - 곰배령 (인제군 점봉면 강선마을 - 곰배령 왕복)
- 3기 (2017.10.20 ~ 10.22) - 순천 송광사에서 선암사 가는 길
- 신능중 걷기학교 1기 (2017.10.13 ~ 10.14) - 평화누리길 6코스 (파주 출판도시 - 헤이리 예술마을)
- 신능중 걷기학교 2기 (2018년 1박 2일) - 강화 나들길

첫째 날

사실 교사들에게는 걷기학교가 진행되는 장소가 중요하지만 아이들은 장소에 대한 관심은 별로 없습니다. 일단 애들은 지리적인 상식이나 여행지에 대한 정보가 너무 없어요. 체험학습을 다녀왔는데 자기가 다녀온 곳이 충청도인지, 경상도인지 그런 것도 잘 모르는 학생들을 교사들은 어렵지 않게 만나볼 수 있잖아요.^^

그럼 아이들한테 중요한 것은 무엇일까요? 네! 그렇습니다. 첫째는 음식! 잘 먹어야 합니다. 버스를 타고 목적지에 도착하면 늦은 저녁을 먹게 되는데요. 그 지역의 좋은 식당으로 데리고 가서 같이 어울려 맛나게 먹고 나면 아이들의 마음이 열리기 시작합니다. 여기서 그치지 않고 밥을 먹고 난 후에도 편의점에 들러서 후식으로 아이스크림을 하나씩 사서 입에 물고 숙소로 걸어 들어가는 길에 시시콜콜한 농담을 주고 받다 보면 아이들과 본격적으로 친해지기 시작합니다. 아이들은 환대받는 느낌을 그리고 교사들은 쳇바퀴 돌듯하던 일상을 벗어나서 새로운 공간에 와 있다는 여행자의 행복감을 느낄 수 있습니다.

숙소에 도착하면 방을 정하고 잠깐의 세면 및 휴식 시간을 가진 후에 모두가 한 자리에 모여서 취침 전에 간단한 서클을 진행합니다. 먼 길을 왔기 때문에 너무 길지 않게 이번 걷기 학교에 기대하는 것이나 요청하고 싶은 것, 그리고 지금까지 자기가 살아오면서 가장 잘한 선택은? 등의 질문을 함께 나눕니다. 질문의 내용은 매번 달라질 수 있지만 참가 학생이 자신에 대해 긍정적인 자아상을 회복할 수 있는 질문을 사용합니다. 서클을 마무리 하면서 잔잔한 음악을 한 곡 듣고, 잠자리에 들기 전에 잠깐 밖으로 나가서 밤하늘의 별을 같이 보면서 내일도 즐겁고 의미 있는 시간이 되기를 함께 기원하고 응원해주는 짧지만 낭만적인 세리머니로 하루를 마무리합니다.

이런 일련의 과정을 거치면서 아이들은 휴대폰 없는 아날로그적인 만남과 사귐을 경험하게 됩니다. 이런 방식의 인간적인 만남이 휴대폰이 제공하는 자폐적 유희와 자극보다 더 훈훈하고, 서로의 마음을 소외시키지 않는다는 것도 희미하게 느끼기 시작합니다. 물론 휴대폰에 강하게 집착하는 아이라면 첫날밤을 힘들어하며 여전히 마음을 활짝 열지 못할 수도 있습니다. 하지만 그래도 괜찮습니다. 다음 날 하루 종일 걷다보면 먼저 몸이 열리고, 몸이 열리면 자신도 모르게 무장 해제 되어 마음도 열리게 될 것이기 때문입니다.

둘째 날

다음날 아침에 일어나면 간단히 아침 식사를 합니다. 식사를 마치고 출발 전에 아이들에게 필요한 걷기 영양 간식, 휴대용 방석, 비가 오는 날은 우의 등을 나눠주고 작은 공간에 둥글게 서서 짧은 서클을 진행합니다. 이때 하루 종일 걸으면서 생각할 질문을 미리 던지는 것이 중요합니다. 걷기학교가 끝나고 집으로 돌아가면 새롭게 시작해보고 싶은 일은?, 10년 후에 만나고 싶은 나의 모습은? 등과 같은 미래지향적이면서 제법 생각을 필요로 하는 질문을 던져 줍니다. 불교에서는 이런 것을 '화두(話頭)'라고 한다지요. 오늘 저녁에 서클로 다시 모일 때 그 질문에 대한 각자의 생각을 돌아가면서 나눌 예정이니 걷다가 심심하면 이 질문에 대해 자기 나름의 생각을 한번 정리해 보라고 합니다.

그리고 걷기의 소중함, 걷기의 유익을 담은 명언이나 속담 등을 돌아가면서 한 소절씩 읽고 나면 걷기에 대한 좋은 동기부여가 됩니다. 그리고는 준비운동으로 몸을 잘 풀어준 뒤에 출발합니다.

걷기는 교사와 학생이 한 팀을 이루어 중간 중간 집결 장소만 공유하고는 독자적으로 움직입니다. 두 사람이 그 누구의 방해도 받지 않고 걸으며, 속 깊은 이야기를 나누기도 하며, 쉬기도 하면서 자유롭게 이동합니다. 이렇게 따로, 또 같이 만남과 헤어짐을 반복하면서 하루 종일 걷다보면 하루 평균 약 15km 정도를 걷습니다. 적은 거리는 아닙니다. 평소에 10,000보 미만으로 걷던 사람들에게 힘든 거리이기도 합니다. 그러나 혼자라면 엄두도 내지 못할 먼 길을 넉넉하게 걸어갈 수 있도록 해주는 것이 함께 걷는 공동체의 힘입니다.

단지 이곳에서 저곳으로 이동하기 위한 목적을 가지고 바삐 걸어갈 때는 걷기의 기쁨과 만족감을 경험하기가 어렵습니다. 그러나 그저 걷기 그 자체를 위해 하루를 온전히 비워두고 온몸으로 자연과 대면하면서 느리게 걷다 보면 복잡하던 마음이 가벼워지고 묘한 자유로움과 해방감을 맛보게 됩니다. 평소에 집에서 학교로, 학교에서 학원으로, 다시 학원에서 집으로 이동하는 것을 걷기라고 알고 있던 아이들도 걷기에 대해 새롭게 눈을 뜨게 됩니다.

그 날의 최종 목표지점에 도착했을 때 모든 멤버들이 한자리에 모여 간단한 축하 세리머니를 하고, 수고 많았다는 격려와 칭찬의 말들을 서로 나눕니다. 아이들의 마음속에는 어떤 힘든 과제를 해냈다는 뿌듯한 성취감이 밀려옵니다. 물론 아이들에게는 이제 더 이상 걷지 않아도 된다는 안도감이 더 크게 작용할 수도 있겠지만요^^. 어쨌든 이 성취감과 안도감은 마지막 순간까지도 걸어놓았던 최후의 빗장을 활짝 열어 주는 힘이 있습니다. 걷기를 완수한 후에 성취감을 느낄 수 있고 거기에 더해 공동체의 축하를 받으면 마음이 열립니다. 마음이 열리면 관계가 열리고, 관계가 깊어지기 시작합니다.

둘째 날 저녁에는 어떤 프로그램을 진행해도 마음을 활짝 열고 호응해 줍니다. 이 둘째 날 저녁이 걷기학교의 하이라이트입니다. 어떤 프로그램을 진행해도 잘 따라주지만 주로 돼지 씨름, 바람이 붑니다, 동전은 누구 손에 등등 주로 몸을 움직이는 놀이를 진행하면 서로 더 깊은 친밀감을 느낍니다. 아이들은 어느새 자신들의 분신과도 같았던 휴대폰의 존재도 까마득히 잊어버립니다. 혼자서 휴대폰을 가지고 노는 것보다 안전하고 친밀한 관계 속에서 함께 깔깔거리고 노는 것이 이루 말할 수 없이 행복하다는 것을 알게 되는 것이지요.

놀이를 통해 마음을 열고 나면 이후에 진행되는 서클 나눔의 깊이가 지난 밤과는 확연히 달라집니다. 그래서 걷기학교는 놀이 학교이면서 서클 학교이기도 합니다. 비폭력대화 카드(느낌카드와 욕구카드)를 활용해서 자신이 최근 가장 자주 경험한 단어를 고르고 왜 그 단어를 골랐는지 말해달라고 하면 아이들은 그 누구에게도 말한 적 없던 깊고 내밀한 이야기마저 술술 들려주기도 합니다. 그 아이를 제법 안다고 생각했던 교사들도 그 아이의 완전히 다른 얼굴을 마주하게 되지요. 첫 만남에서 서먹서먹해하던 아이들이 내일이면 다시 학교와 집으로 돌아가야 한다는 사실에 서운해 하고 아쉬움을 토로합니다.

걷기학교에 참가한 아이들은 이후의 학교생활에서 가시적인 변화가 보이기도 하고 또 그렇지 않은 경우도 있습니다. 은근하게 내지는 노골적으로 왕따를 당하던 한 여학생이 있었습니다. 자꾸만 소외 당하다보니 친구들에게 더 집착하게 되고 이것이 자신을 친구들로부터 다시 더 멀어지게 하는 악순환의 사이클 속에서 학교를 그만둘까도 고민하던 학생이었습니다. 그런데 이 여학생은 걷기학교 참가 후 학교생활이 눈에 띄게 달라졌습니다. 수업 시간에 이전보다 더 집중해서 참여하는 모습을 볼 수 있었고 친구들과의 관계도 이전보다 부드러워졌습니다. 걷기학교에서 경험한 존중과 환대의 시간 속에서 마음의 여유와 자신감을 회복하게 된 것이지요. 졸업을 앞둔 한 남학생은 자기가 이 학교에 오기를 정말 잘 한 이유가 걷기학교에 참여할 수 있었기 때문이라고 고백하기도 했습니다.

1기 걷기학교 원정대 이야기 (2017.07.15.~2017.07.17)

[첫째 날 이야기]

- 걷기학교에 참여하면 정말 좋겠다 싶어 마음에 두고 있던 아이에게 참가를 제안했다가 시원하게 퇴짜를 맞고, 출발 며칠 전까지도 아이들이 모집되지 않아 낙심했었다.

- 그래서 9월로 걷기학교를 연기한다는 공지를 걷기학교 연구회 단톡방에 올렸다. 그런데 그 직후에 참가신청서를 들고 온 아이(이후엔 '핑크 프린스'로 부른다)가 자기는 9월이 아닌 이번 일정대로 가고 싶다고 했다. 그래서 급하게 이미 참가가 확정된 다른 아이까지 포함해서 둘을 데리고 떠나기로 하였다. 마침 혜경샘께서 자기도 돕고 싶은 아이 한 명을 데리고 오시겠다고 해서 떠나기 불과 이틀 전에 아이 셋에 네 명의 교사가 확정 되었다. 첫 번째 걷기 학교 원정대는 이런 곡절 끝에 탄생!

- 그러나 한 학기를 마무리해야하는 교사들에게는 가장 분주하고도 마음의 여유가 없는 시기였다. 소통을 위해 개설한 걷기 학교 대화방에 올라오는 이야기들을 보니 대부분 출발 전날 늦은 밤에서야 겨우 짐들을 꾸리시는 형편이었다. 나 역시 상태가 좋지 않았다. 출발 전날 밤에 짐도 못 꾸리고 파김치가 되어 널브러져 있었다. 그러다 새벽녘에 겨우 정신을 차리고 일어났다. 그런데

그 새벽에 걷기학교를 통해 도움을 받을 만한 가장 최적의 아이들을 보내주셨다는 사실이 새롭게 자각되었고 마음이 벅차오르면서 이 걷기학교가 아이들에게 새로운 세계를 찾아가는 출구가 될 수 있기를 간절히 기도하였고 그 마음을 글로 기록하였다.(이 때 브루클린으로 가는 마지막 비상구라는 영화의 OST가 떠올라서 그 음악을 들으며 행복했다)

- 학교에서는 정말 정신이 하나도 없었다. 성적 마감을 하는 동시에 교장, 교감 선생님께도 다녀오겠다는 말씀을 드렸는데 미리 말하지 않고 다 결정해 놓고 통보한다고 지적하시는 말씀을 들어야 했다. 그래도 얼른 내부결재 올리고 출장 달고 가라고 지지해 주셔서 참 감사하고 힘이 되었다. 교육 철학이나 혁신학교 운영의 방향성에 대한 세부적인 생각은 다를지언정 학교의 아이들을 위한 일이라면 언제나 한결같이 지지해 주시는 속이 깊고 고마운 분들이시다.

- 화정 터미널에서 고속버스에 오르자마자 기절하듯 잠에 빠져 들었다. 피곤한 몸이 부르는 꿀잠, 우등 고속버스의 그 한 자리가 내게는 소박한 휴식의 공간이었고 이제 비로소 일상의 공간을 벗어나 여행길에 올랐다는 것을 실감나게 해 주었다. 반가웠다! 나를 다시 찾아와 준 나그네의 영혼이.

- 숙소인 강릉 바우길 게스트하우스에 도착하니 구수한 강원도 사투리를 구사하시는 바우길 사무국장님께서 체크인을 도와주시며 강릉 바우길 지도며, 강릉 맛 집 안내도 등을 챙겨주신다. 그러면서 약간 상기된 목소리로 아이

들과 함께 바우길을 걷는 것이야말로 진정한 살아있는 교육이라며 판매용인 바우길 스카프를 우리들에게 무료로 다 한 장씩 선물로 주셨다! 이후로 계속 알면 알수록 정말 맑은 영혼을 소유하신 멋진 사무국장님이셨다. 스카프를 공짜로 주셨다고 하는 소리가 절대 아니다. 궁금하면 직접 가서 만나보시라!!

- 늦은 저녁을 먹기 위해 강릉 성남 시장에 가서 강릉의 별미인 삼숙이 매운탕을 먹었다. 아이들과 함께 왔다며 즉석에서 멸치 반찬을 추가로 볶아내 주시던 매운탕 집 어머니의 매운탕 요리는 정말 일품이었다. 마치 내 어린 시절 시골 어머께서 해 주시던, 오랜 동안 잊혀져 있던 그 추억의 맛을 복원해 낸 것만 같은 묘한 감흥을 느꼈다. 나뿐만 아니라 정말 리액션이 좋은 혜경샘의 "맛있어!" "정말 맛있어!" 하는 감탄과 추임새는 식사 시간을 두 배로 행복하게 해 주었다.

- 지금 생각해 보면 그 늦은 시간, 막 문을 닫기 직전에 우리를 맞아 준 그 식당이 지친 사람들의 마음까지 흡족하게 만족시켜 준다던 바로 만화 속 그 심야식당이었구나! 그 삼숙이 매운탕을 강릉에서 맛 본 최고의 소울 푸드라고 한 치의 망설임 없이 도장 쾈쾈 인증한다. 사람들아, 너무 TV나 스마트 폰에 소개된 맛집만 찾아다니지 마소! 이제는 그 집 단골 손님들만 찾아온다는 그 무명의 매운탕 집 어머님이 전하는 말씀이다!!

- 다시 숙소로 들어가는 길에 아이스크림을 먹고 싶다던 유진이 말에 즉석에서 아이스크림을 쐈다. 그 행복해하는 얼굴 표정이라니…. ㅋㅋㅋ 수업 중

에는 결코 찾아볼 수 없는 표정이다. 다음 날 아침에 먹기 위해 노점에서 그 늦은 시간에 과일을 파시는 아주머니께 복숭아와 살구도 샀다.

- 숙소에서 취침 전 체크-아웃 모임을 가졌다. 마침 비도 그쳐서 잔디밭 마당에서 시원한 강릉의 밤바람을 맞으며 "영원한 건 없지만"이라는 노래를 눈 감고 들으며 마무리를 하였다. 노래 가사처럼 영원한 건 없지만 다 지난 뒤에는 그늘 없는 이야기로 추억되길, 다 지난 뒤에는 사랑만이 가득하길….

(걷기학교 이야기는 둘째 날이 하이라이트다. 일단 오늘은 여기까지다)

[둘째 날 이야기]

걷는 것에는 꿈이 담겨 있다. 걷는 것은 행동이고 도약이며 움직임이다. 부지불식 간에 변하는 풍경, 흘러가는 구름, 변덕스런 바람, 가볍게 흔들리는 풀밭, 잘려나간 건초 또는 꽃이 핀 미모사의 냄새, 이런 것들에서 끝없이 자극을 받으며 마음을 뺏기기도 하고 정신이 분산되기도 하며 계속되는 행군에 괴로움을 느끼기도 한다. 생각은 이미지와 감각과 향기를 받아들여 모아서 따로 추려놓았다가, 후에 보금자리로 돌아왔을 때 그것들을 분류하고 감각에 의미를 부여하게 될 것이다.

- 〈베르나르 올리비에, 『나는 걷는다』, 36쪽〉 -

1기 걷기학교를 마치고 일상으로 복귀하고 어느새 일주일이라는 시간이 또다시 바람처럼 지나가버렸다. 『나는 걷는다』의 저자 베르나르 올리비에

는 말하기를 걷는 자는 끝없이 이미지와 감각과 향기를 빨아들여 모아서 따로 추려놓았다가, 후에 보금자리로 돌아왔을 때 그것들을 분류하고 감각에 의미를 부여하게 될 것이라 한다.

그가 예언이라도 한 것처럼 나는 굳이 당시에 찍은 사진들을 들여다보지 않고도 그 때 걸으며 내 몸 속에 각인(imprinted)된 이미지와 감각과 향기들을 이제 다시 꺼내어 분류하고 의미를 부여해가며 이 글을 기록한다. 이 작업 자체가 즐거운 것이기도 하지만 이후에 수많은 곳에서 생겨날 걷기학교를 위한 하나의 이정표를 남기기 위한 것이기도 하다.

1. 숙소의 잠자리는 더 없이 청결하고 편안했지만 웬일인지 내 의지와는 상관없이 새벽 일찍 눈이 떠져 버렸다. 더 이상 잠이 오지 않을 것 같아서 작은 스케치북, QT책, 그리고 미니 블루투스 스피커를 들고 마당으로 나갔다. 지난 밤 마당에서의 체크-아웃 모임이 좋았던 기억 때문이다. 간밤에 너나 할 것 없이 우리를 부드러이 스치며 온 몸을 깨우던 강릉의 밤바람이 너무 좋았으므로

2. 밤사이 비가 조금씩 내렸는지 마당 한가운데 놓여있던 의자들이 살짝 젖어서 물방울이 맺혀 있었다. 하여 비를 피할 수 있는 처마 밑에 자리를 잡고 블루투스 스피커를 통해 흘러나오는 바흐를 들으며 이사야서를 펴니 다음 구절이 눈에 들어온다.

"눈 먼 나의 백성을 내가 인도할 것인데, 그들이 한 번도 다니지 못한 길로 인도하겠다. 내가 그들 앞에 서서, 암흑을 광명으로 바꾸고, 거친 곳을 평탄하

게 만들겠다. 이것은 내가 하는 약속이다. 반드시 지키겠다.(이사야 42:16)"

3. 역시 아침 일찍 일어난 선생님 한 분이 커피를 내려오셨다. 그 순간 모든 면에서 완벽한 게스트하우스의 약점이 드러났다. 바로 커피 원두였다. 키친에 준비된 대량 보급용 원두는 말 그대로 대량 보급용이었다. (바우길 게스트하우스는 들으시라!! ㅋㅋ) 그런데도 나는 그 커피가 정말 맛있었다. 이게 무슨 말인가. 커피는 꼭 원두의 맛으로만 마시는 것은 아니다. 커피는 바로 내가 서 있는 그 자리의 공기의 맛, 그리고 함께 커피를 마시는 사람에 따라서 결정되는 것이다.

4. 바우길 게스트 하우스 마당의 잔디, 화단의 꽃과 나무들 위로 예쁘게 내려앉는 비를 보며 이야기꽃을 피웠다. 주로 걷기와 관련된 이야기였다. 다음엔 어느 코스를 걸어볼 것인가 하는 즐거운 고민으로 가득한 이야기들….그러다 보니 어느새 약속한 아침 식사 시간이 되었다.

5. 이른 아침 시간이어서인지 손님들이 공동으로 사용하는 부엌임에도 한산했다. 우리 팀이 먹을 아침 토스트용 계란 프라이가 지글대는 소리, 걷다가 간식으로 먹을 계란 삶는 소리, 토스트기에 빵이 구워지는 소리, 간밤에 산 과일 씻는 소리로 부엌은 생기가 넘쳤다. 거의 마스터 쿡(master cook)의 반열에 오른 혜경샘 덕분에 우리는 프라이와 삶은 계란을 각자의 입맛에 따라 반숙, 반완숙, 완숙의 상태로 즐기는 호강을 누렸다.

6. 존중과 환대가 가득한 든든한 아침 식사를 마쳤으니 이제 출발이다. 우

리는 미리 구입해 둔 판초우의, 휴대용 방석, 스포츠 타월과 함께 개인용 간식을 아이들의 배낭 속에 챙겨 주었다. 마당으로 나서니 신기하게도 계속 내리던 비가 그쳐 있다.

7. 잠시 마당에 모여 떠나기 전 각자의 상태를 확인하는 짧은 체크인 모임을 가졌다. 다행히도 아이들은 손가락 다섯 개 또는 네 개를 펼치며 몸과 마음의 상태가 최상의 컨디션이라고 표시해 주었다.

8. 바우길 5구간의 출발지인 남항진으로 가는 시내버스에 기분 좋게 올라탔다. 바우길 안내지도 상으로는 가장 북쪽에 있는 사천항에서 출발하여 남항진에 도착하는 것으로 되어 있었지만 우리는 역으로 남에서 북으로 걸을 것이다. 수도권에서와 달리 강릉의 시내버스는 에어컨을 켜는 대신 창문을 열고 시원하게 내달렸다. 매연이 심한 서울에서는 상상도 못할 일이다. 강릉 1번지라 할 만한 번화가를 벗어나니 버스차창 밖으로 보이는 풍경들이 온통 초록의 향연이다. 특히 강릉 어디를 가도 반드시 눈에 들어오는 적송 군락은 바라보는 것만으로도 힐링이 되었으며 다른 도시에서는 결코 만나볼 수 없는 기쁨이었다.

9. 남항진에 도착하니 사전답사 때 보았던 그 바다가 변함없는 모습으로 반긴다. 우리는 학생 한 명과 걷기 멘토 교사 한 사람이 함께 한 조를 이루어 걷기 시작했다. 우리는 미리 논의의 과정을 거쳐 약속한 대로 각 팀의 리듬과 호흡에 맞게 어떤 얽매임도 없이 자유로이 걸을 것이다. 중간 중간 스치듯 만나

고 다시 헤어지고, 앞서거니 뒤서거니를 반복하며 우리의 눈앞에 선물처럼 펼쳐진 아름다운 길들을 탐닉하듯 걸어 나갈 것이다. 함께 식사를 하거나 연락이 필요할 때면 그 때 전체가 다시 반갑게 만날 것이다.

10. 남대천이 동해바다와 만나는 지점을 가로질러 멋지게 놓여있는 하얀 다리는 한 걷기 구간의 시작점으로서 손색이 없었다. 나중에 확인해 보니 '솔바람 다리'라는 멋진 이름을 갖고 있었다. 환경운동연합이라는 시민단체의 운영위원으로 활동하다보니 그래도 듣고 배운 바가 있어 남대천의 아름다움이며, 그 가치에 대해 그리고 민물이 바닷물과 만나는 '기수역' 이라는 공간의 매력과 그 소중함에 대해 나와 함께 걷게 된 핑크 프린스에게 열심히 설명해 주었는데 다행히 그 아이도 "그러니까 '회유성 어종'을 말하는 거죠?" 하며 자신이 그 단어를 알고 있다는 것을 자랑스럽게 말했다. 나는 내심 기뻤다. 그리고 솔바람 다리 위에서 사진을 한 장 찍고 싶다는 요청을 들었을 때 그도 자연의 아름다움을 느끼고 있는 것 같아서 안심이 되었다.

11. 걷기학교의 시간들이 이런 기수역과 같은 역할을 할 수 있었으면 좋겠다 생각한다. 민물(학교)에서 복닥거리는 치어들과 같은 아이들에게 자신들이 곧 저 넓은 바다(세계)를 항해할 수 있는 천부적 능력과 가능성을 가진 존재라는 사실을 알려주고 그 넓은 바다를 동경하며 자신을 새로운 눈으로 바라보고 새로운 삶의 설계도를 그리도록 하는 시간이 되었으면 좋겠다고 생각한다. 후에 모든 일정을 마무리하고 아이들의 소감문을 받아보니 그런 생각이 아주 요원한 것만은 아니었다.

12. 우리는 오른쪽으로 고개를 돌리면 바다가 보이고, 왼쪽으로 눈을 돌리면 강릉의 명산들이 어깨동무를 하듯 병풍처럼 펼쳐진 풍경을 보면서 계속 걸어 나갔다. 하지만 핑크 프린스는 경직된 걸음걸이로 앞만 그리고 땅만 바라보며 걷고 있었다. 제법 땀이 차고 기분 나쁘지 않을 만큼의 피로를 느낄 즈음 우리는 멋진 해송 숲에서 첫 번째 휴식의 시간을 가졌다.

13. 쉬면서 우리는 무슨 이야기를 나누었던가? 별 이야기는 없었다. 굳이 대화를 생성해 내려고 하기보다 우린 휴식과 멈춤 그 자체가 주는 홀가분함에 집중하며 땀을 식히며 조용한 노래들을 들었다. 핑크 프린스는 듣고 싶은 곡이 없다 해서 그냥 내가 걷는 동안 내내 떠올랐던 '들꽃'이라는 노래를 들었다. 미리 약속한 것도 아닌데 혜경샘네 일행 역시 우리처럼 멋진 해송 숲을 그냥 지나칠 수 없다며 솔숲으로 들어와선 우리와 약간 떨어진 곳에 여장을 풀고 휴식을 취하고 있었다. 조금 더 있으니 한참을 뒤쳐진 채로 걷던 마지막 조가 비교적 침묵 가운데 걷는 우리 조와는 달리 도란도란 끝없이 이야기를 나누며 걸어가는 것이 보였다. 걷는 풍경은 이렇게 모두가 다르구나!

14. 강릉 바우길 5구간의 이름은 바다 호숫길이다. 동해가 보이는 강릉의 해변을 걷다가 경포대를 한 바퀴 돌고 사천항까지 가는 16km 구간이다. 강릉 커피 거리로도 잘 알려진 안목해변에서부터 송정해변 그리고 강문해변까지 걷는 동안 조금 일찍 여름휴가를 떠나온 피서객들이 해변마다 조금씩 다른 모양과 분위기로 여유롭게 휴가를 즐기는 풍경을 보는 것도 쏠쏠한 재미였다.

15. 강문해변에서 전체휴식을 가졌다. 바닷물에 발 담그기 적당한 작은 방파제가 있었다. 그런데 너무도 맑고 깨끗한 바닷물을 보는 순간 나는 약간 흥분하고 말았다. 방파제에서 자주 볼 수 있는 네발 달린 콘크리트 구조물인 테트라포드 위로 성큼 성큼 뛰어 올랐다. 핑크 프린스도 나를 따랐다. 그 모습을 보자 보건교사인 혜경샘의 낯빛이 불편해졌다. 아니나 다를까 기분 좋게 놀고 내려오던 중에 핑크 프린스의 발이 해초에 미끄러지면서 넘어지고 말았다. 예상하지 못했던 일이었다. 나는 당황했다. 그런데 나보다 더 당황해하고 어쩔 줄 몰라한 쪽은 핑크 프린스였다. 누가 봐도 경직된 모습으로 말끝마다 "죄송합니다!"를 연발할 만큼 주위 사람들의 평가에 민감한 성격이었으니 오죽했으랴.

16. 바닷가에 소풍 온 듯 느긋하고 여유롭던 현장이 갑자기 부산해지면서 긴장된 분위기가 감돌았다. 혜경샘은 챙겨온 상비약품으로 치료를 하고, '공감 퀸'이라는 멋진 별명을 가진 정아샘은 아이를 안심시키며 젖은 신발을 말리고, 핑크 프린스는 남자 화장실까지 가서 여벌옷으로 갈아입고 와야 했다. 그는 더욱 자신을 자책하며 의기소침해져 있었다. 먼저 방파제 위로 뛰어 올라갔던 나 역시 미안함과 무안함에 얼굴이 화끈거렸다. 다행히 가벼운 부상이어서 내심 안도하게 된 혜경샘은 누군가에게 들으라고 "에휴, 사고 치면 바빠진다니까!" 하는 명언을 남겼다. 그 누군가는 말하지 않아도 우리 팀 모두 알고 있었다.

17. 정말 다행스럽게도 가벼운 해프닝으로 마무리된 이 일을 통해 나는 정말 큰 교훈을 배웠다. 비교적 운동신경이 좋고 자연과 직면해 본 경험이 풍부

한 나에게 안전해 보이는 루트(route)와 행동일지라도 그것이 모두에게 안전한 것은 아니라는 것이다. 이 일은 앞으로도 계속될 걷기학교의 안전문제에 대해 나를 더욱 각성시켜준 강력한 예방주사의 효과가 있었다.

18. 다시 길을 떠났다. 몇 해 동안 머릿속으로만 구상해 오던 걷기학교가 생각했던 것보다 더 만족스러운 과정과 결과로 이어지는 것을 보면서 다소 들떠 있었나 보다. 그런 흥분의 기운이 차분히 가라앉는 것을 느끼며 또 그것을 받아들이며 담담하게 걸었다. 바닷길을 벗어나 호수 길로 접어드는 과정에서 길을 잘못 접어들었다.

19. 곁에서 말없이 여전히 앞만 보고 걷는 핑크 프린스에게 내 마음을 숨기지 않고 나누었다. "살아가면서 예상치 못했던 일들을 만나게 될 때, 나는 내가 되돌릴 수 없는 것에 집착하기보다는 여전히 나에게 남아있는 것들, 나를 위로하며 나를 회복시켜주는 것들에 집중하려고 노력하는 편이야. 그리고 지금 바로 이 순간에도 어디든지 고개만 들면 눈에 들어오는 저 붉은 소나무 숲을 보면 기분이 전환되면서 얼마나 마음이 좋아지는지 몰라." 핑크 프린스는 가만히 듣기만 했다.

20. 이 글의 처음에 인용한 베르나르 올리비에의 표현을 빌자면 내 속에 강력하게 분류되고 각인된 첫 번째 중심 사물은 아마도 우리의 토종 소나무인 적송(赤松)인 듯하다. 붉은 기운이 감도는 적송들은 용틀임하는 것만 같은 그 잘생긴 수형(樹形)도 수형이려니와 그 황토 빛깔이 사람의 마음속에 어떤 신성한

기운을 불어 넣어주는 것만 같다. 솔향 강릉! 참 부럽고도 멋진 말이다. 이런 도시에서 살고 싶다.

21. 그나저나 호수 길로 접어들어야 하는데 여전히 길을 찾지 못했다. 지도를 꺼내들고 앞서 걸어 나갔다. 경포 아쿠아리움 옆으로 나 있는 데크를 발견하고 왠지 그 둑방 쪽으로 올라서면 경포호가 나올 것만 같았다.

22. 길만 찾으면 좋겠다고 했지 우리 생애 최대의 장관 중 한 장면을 만나게 되리라고는 생각지도 못했다. 제방으로 올라서자 경포 생태습지 내에 조성되어 있는 연꽃 정원이 눈에 들어왔다. 세상에!! 연꽃이 한 두 송이도 아니고 수백, 수천 송이가 그토록 밝고도 환하게 피어 우리에게 "서프라이즈!"를 외치고 있었다.

23. 연꽃을 그렇게 많이, 그토록 가까이서 본 것은 처음이었다. 나는 지금까지 연꽃을 '더러운 진흙탕에서도 환경을 탓하지 않고 가장 아름다운 꽃을 피워내는 해탈의 꽃' 이라는 추상적이고 종교적 관념으로만 알고 있었다. 한 번도 그 실체를 만난 적이 없었다. 직접 만나 보니 그 화사한 빛깔은 어떤 인위적인 색조 화장으로도 범접하지 못할 경지였다. 단숨에 사람의 넋을 빼앗고도 남는 강렬한 유혹의 빛깔이면서도 속됨이 없었다. 뿐만 아니라 수면 위로 일 미터 이상 올라와 있는 기다란 꽃대는 강인함의 상징이었다. 그렇게 기다란 꽃대가 지지대도 없이 어떻게 비와 바람을 견디어 내는지 불가사의로만 느껴졌다.

24. 『걷기 예찬』이라는 책의 저자 다비드 브루퉁은 "루소에서 스티븐슨 혹은 소로에 이르기까지 많은 사람들이 '혼자 걷기의 옹호자들'이라고 하면서도 동반자가 있어야 하는 유일한 예외사항을 두고 있는데 그 중 하나가 바로 지금과 같은 황홀한 순간을 만났을 때이다. 그는 이렇게 적고 있다. "아테네나 고대 로마의 장관을 보게 되면 자신의 느낌을 표현하지 않을 수 없다는 것을 인정해야 할 것이다. 피라미드들은 너무나도 기막힌 것이어서 그저 혼자서 바라보고만 있을 수는 없는 것이다"(다비드 브루퉁, 『걷기 예찬』, 53쪽)

예기치 못한 운명적인 풍경을 만났다거나, 자신의 느낌에 대해 도저히 표현하지 않고는 배길 수 없을 때 그 감격과 행운을 함께 나눌 길벗들이 있다는 것, 느낌의 공동체가 있다는 것은 참으로 큰 축복이다. 우리는 마음껏 느낌을 나누고 감탄사를 연발하고 카메라를 들이대거나 포즈를 취하면서 그 행운을 함께 누렸다.

25. 경포 호수 길을 걷다 보니 같은 물인데도 바닷길과는 또 다른 느낌이었다. 호수도 호수지만 특별히 생태 늪지가 주는 탁 트인 들판의 느낌은 더 없이 여유롭고도 고즈넉했다. 그냥 지나칠 수가 없어 지나가는 분께 부탁드려 전체 기념사진을 찍었는데 사진을 찍는 분의 사진에 대한 조예가 깊었는지 우리 팀 모두가 가장 흡족해하는 느낌 충만한 사진을 남길 수 있었다.

26. 경포호를 한 바퀴 완전히 돌고 나서 늦은 점심으로 물회를 먹었다. 생각보다 물회가 너무 비쌌다. 주인 아주머니께 "학생들과 함께 여행하고 있는데 보시다시피 이렇게 가난하다"고 말씀을 드리니 흔쾌하게 가격을 인하해 주

신다. 매사에 느릿한 핑크 프린스는 물회를 진공청소기로 빨아들이듯 순식간에 흔적도 없이 해치워 버렸다. 여행은 그 사람의 단면이 아닌 이면까지를 모두 드러내는 힘이 있다.

27. 점심을 먹고 잠깐 기댔는데 쪽잠이 들었던가 보다. 나를 부르는 정아 샘의 나긋한 목소리에 정신을 차리고 식당을 나섰다. 경포 해변으로 들어서는데 갑자기 빗줄기가 굵어진다. 다들 준비한 판초 우의를 꺼내 입었다. 나는 그냥 이 깨끗한 동해안의 비를 맞으며 걷고 싶어 배낭만 방수포로 덮은 채 걸어갔다. 그런데 잠시 후에 비가 그쳐 버리니까 경포 해변에서 우리 일행들만 알록달록한 총 천연색의 판초우의를 입고 있는 진풍경이 벌어졌다. 사오정이 단체로 출몰한 것만 같았다. ㅋㅋㅋ 우의를 입지 않기로 한 나의 선택을 자랑하고 있는데 이번에는 정말 굵은 비가 쏟아진다. 두 팔을 펼치고 손바닥을 하늘로 향한 채 내리는 비님을 환영하며 걸어갔다. 사람들이 이상하게 보거나 말거나.

28. 빗속을 걸어본 게 이 얼마만이냐! 자연계의 모든 존재들은 비가 내리면 그냥 비를 맞는다. 나무와 꽃들, 풀들, 들판의 식물들, 산과 강, 바위와 흙들. 그리고 특히 바다가 그렇다. 비를 피할 수도 없거니와 그저 속수무책으로 비를 맞으며 오시는 비님을 자신의 온 존재로 모셔 들인다. 오직 인간들만이 호들갑을 떨며 비를 맞으면 큰일이 나기라도 할 것처럼 피하고 도망치느라 야단법석이다. 고로 비를 맞는 나는 이제 비로소 나무와 숲, 그리고 무엇보다 내 곁에 나란히 놓인 바다와 공평한 처지에 놓이게 된 것이며 그들의 형제가 된 것이다. 이렇게 기쁠 수가!!!

걷기학교가 끝나고 학교로 돌아간 후에 아이들의 후기를 받아보니 이 놀라운 비밀에 유진이가 눈을 뜨게 된 것이다. 유진이의 표현을 그대로 옮겨 본다.

'비 오는 날에는 항상 우산을 펴고 비를 맞기 싫어서 건물 안으로 황급히 들어가곤 했는데 이렇게 비 맞으면서 파도를 느끼는 것이 얼마나 행복하고 재밌는 일인지 알게 되었던 것 같다.'

29. 이제 바야흐로 유진이가 언급한 둘째 날의 하이라이트인 사천 해변에서의 추억을 개봉할 시간이 되었다. (오래 기다리셨다~ㅎ) 바우길 5구간에 소개된 북에서 남으로 걷지 않고 남에서 북으로 걸어 올라가 그 대단원의 막을 사천 해변에서 내린 것은 정말 탁월한 선택이었다. 냉동실에 넣어둔 물처럼 차가우면서도, 계곡물처럼 깨끗한 사천의 바다는 16km, 2만보 이상을 걸으면서 워밍업(예열) 단계를 지나 데워질 대로 데워진 육체를 달래기에 조금의 부족함도, 아쉬움도 없었다.

30. 혜경샘이 나중에 숙소에서 표현한 것처럼 정말 바다는 어떤 마술적인 힘을 갖고 있었다. 그렇게 소극적이고 수동적인 핑크 프린스마저 나에게 '끝말 잇기' 게임을 해서 진 사람이 바다에 입수하자는 제안을 먼저 해 올 정도였으니, 이곳이 바닷가가 아니라면 그런 일이 가능이나 하겠는가? 내기에서 진 핑크 프린스는 전에 들어 본 적 없는 매우 과장되게 호방한 웃음소리를 내더니 그대로 바다로 입수했다. 우리는 그가 마치 무슨 자신의 껍질이라도 깨고 나온

것처럼, 그가 마치 어떤 신공이라도 펼친 것처럼 박수를 치며 괴성을 지르며 그의 퍼포먼스를 축하해 주었다.

31. 이 곳까지 걸어온 모습이 다르듯, 바다를 즐기는 모습도 제각각이다. 인상적인 것은 인성샘과 그가 데려온 혁준이었다. 인성샘은 우리 걷기학교 연구교사로 가장 늦게 합류했고 나이도 가장 어렸지만 알고 보니 그가 예전에 몸담았던 대안학교에서 수년간 지리산 종주, 남도 답사 등의 경험이 있어서 우리 걷기학교로서는 정말 잘 준비된 복덩이 같은 존재였다. 게다가 혁준이와는 학교에서도 매주 하루 날을 잡아서 운동장을 산책하며 '걷기 상담'을 해오고 있었다. 그는 바닷가에서 놀아본 적도, 제대로 수영을 배워본 적도 없는 제자를 바다에 누이고는 등을 받쳐주며 물속에서 힘을 빼는 법부터 차근차근 가르쳐 주었다. 걸을 때도, 휴식을 취할 때도, 식사를 하거나 물놀이를 할 때도 그는 늘 살뜰한 이야기를 나누며 혁준이를 보살펴 주었다. 사제동행이라는 약간 식상할 수도 있는 말이 그에게는 한 폭의 그림과 같은 풍경으로 완성되었다.

32. 사천 해변에 비는 더욱 거세게 쏟아져 내렸다. 우리는 술을 마신 것도 아닌데 그 비와 바다가 우리를 무장해제 시켰는지 마음속에서 올라오는 흥을 가누지 못해 굵은 빗줄기 속에서 바다를 향해 "바다야, 우리가 왔어! 고마워~ 사랑해!!" 하는 차마 오글거리는 말들을 거침없이 쏟아냈다.

33. 바닷가에서의 짧고 굵은 시간을 뒤로 하고 아쉬움을 남긴 채 우리는 다시 강릉시내로 가는 버스를 타고 돌아왔다. 수영복으로 갈아입지 않고 물놀

이를 한 나와 준혁이 그리고 핑크 프린스는 옷이 젖어 있어서 에어컨 바람 때문에 추위에 떨어야 했다. 버스에서 내렸을 때 강릉 시내는 덥다기보다는 참 따뜻하고 포근한 곳이었다. 한 여름의 더위가 그렇게 고마울 줄이야.

34. 저녁에는 혜경샘의 제안으로 강릉 성남시장 내, 수산물 시장에 들러서 여러 해산물 구경도 하고 해물 라면으로 끓여 먹을 새우와 게, 작은 고동 등을 골랐다. 팀을 나누어 라면을 끓여서 더 맛있게 끓인 팀에게 설거지를 면제해 주는 라면 배틀을 하기로 했다. 그런데 결국은 교사들의 몫이 됐다.…ㅎㅎㅎ (아이들은 해물을 손질할 줄 모르므로) 원래 그런 법이지. 삶아지는 작은 고동과 라면 냄비 안에서 붉은 색으로 변해가는 새우와 게들이 저녁 식탁을 다시 한 번 잔칫집 분위기로 만들어 주었다. 먹거리와 관련한 혜경샘의 아이디어와 식견은 언제나 반짝반짝 빛이 난다. (훗날 사진을 보니 가족 밥상과도 같은 하나의 밥상 공동체로 빛났다)

35. 잔치판을 우리 팀만 벌인 것은 아니었다. 강릉 바우길 함께 걷기 행사를 마치고 돌아오신 바우길 사무국장님, 바우길 이사장이기도 한 소설가 이순원 선생님 팀도 마당에서 흥겨운 뒤풀이를 진행하고 있었다. 우리가 삶은 작은 고동을 안주로 협찬해 드렸다. 사무국장님은 우리 팀을 이순원 선생님에게 다시 한 번 반갑게 소개해 주셔서 서로 인사를 나누었다.

36. 뭐니 뭐니 해도 게스트 하우스의 매력은 다양한 여행객들이 함께 만나서 어우러질 수 있다는데 있다. 우리 팀이 식사를 할 때면 공동부엌을 독차지하다시피 하였는데 그 곁에서 홀로 식사를 하던 젊은 청년이 있었다. 함께 이야

기를 나눠보니 강릉에서 워크숍을 마치고 혼자 여행을 즐기고 있는 연세대 대학원생이었다. 그런데 이 청년의 몸가짐 및 말투가 핑크 프린스와 너무 닮아 있었다. 그 청년이 농담을 했는데 분위기가 썰렁해지자 "죄송합니다." 라고 말을 하는 순간, 내가 "어, 핑크 프린스 닮았는데!" 하자 우리는 일동 박장대소하고 말았다. 위에서 언급했듯 핑크 프린스는 왜 죄송해하는지 전혀 짐작조차 할 수 없는 상황에서도 혼자 "죄송합니다."를 입에 달고 사는 소심한 녀석이었다. 그런데 전혀 예기치도 못했던 만남이 핑크 프린스에게는 어떤 강력한 희망의 메시지가 되었나 보다. 그러니까 자기처럼 소심한 성격의 사람도 얼마든지 저렇게 멋진 엘리트로, 빛나는 청년이 될 수 있겠다는, 어쩌면 자신의 롤모델을 만났다고나 할까? 아무튼 그런 비슷한 상황이었다. 우리는 그 기회를 놓치지 않고 그 멋진 청년에게 핑크 프린스와 기념촬영을 해달라고 요청을 했는데 그는 쑥스러워하면서도 웃으면서 기꺼이 응해 주었다. 나는 그렇게 행복하게 웃던 핑크 프린스의 모습을 본 적도 없었거니와 그 사랑스러운 미소는 두고두고 잊지 못할 것이다.

37. 저녁 설거지는 아이들의 몫이었다. 혁준이는 오빠와 형처럼 유진이와 핑크 프린스를 잘 챙겨 주었고 서로 도와가며 저녁 설거지를 깔끔하게 마무리 지었다.

38. 잠시 휴식 시간을 가진 후에 우리가 사용하던 방에 모여서 마지막 밤의 서클을 열었다. 자연이 모두의 마음을 활짝 열어 주었기 때문인지 서로 돌아가며 대화를 나누는데 어떠한 벽이나 장애물도 느낄 수 없었다. 첫 번째 라

운드는 느낌 카드를 활용해서 게임도 하고 또 지난 한 학기를 정리해 보는 시간이었다. 두 번째 라운드는 걷기 전, 받은 두 가지 질문 - 내가 지금껏 살아오면서 내린 많은 결정들 중 가장 잘한 선택은 무엇인가?, 그리고 10년 후에 내가 만나고 싶은 나의 모습은 무엇인가? - 중심으로 자신의 라이프 스토리를 나누는 것이었다. 완전히 다른 세대 간임에도 불구하고 각자 걸어온 삶의 여정을 경청하고 공감하는 시간이었다. 우리들 한 사람의 생의 가치와 소중함에 대해 배울 수 있는 바로 이 곳이 최고의 인생 학교이다.

39. 에필로그

월요일에 출근했을 때 같은 학교에 근무하는 몇몇 선생님들께서 호기심 어린 눈빛으로 걷기학교가 어땠느냐고 물어 오신다.

"학교에서는 좀처럼 보지 못했던 아이들의 새로운 모습을 볼 수 있었다." 고만 짧게 말씀드렸다.

핑크 프린스는 후기에서 "내가 경험한 걷기학교는 '편안함'이다. 왜냐하면 오랜만에 편안해졌기 때문이다."라고 했고 '걷는다'는 것은 무한히 상상하게 되고 평소에 볼 수 없었던 것을 보게 되는 시간이다." 라고 하였다.

그리고 유진이는 자신이 경험한 걷기학교는 '많은 것을 비우고 온 것'이며 걷는다는 것에 대해 "예전에는 너무 힘든 것, 귀찮은 것이라고만 생각했는데 나름대로 즐거웠고 심심함을 느끼지 못했다."고 하였다. 앞으로 걷기학교에 참여할 후배들에게 전하는 메시지로 "힘들어요, 수고해요, 그렇지만 재미있어요! 좋은 사람들을 알게 되는 시간이에요!" 라는 메시지를 남겼다.

아이들은 벌써 걷기학교 사후 모임을 기대하고 있다. 우리 교사들도 그렇다. 핑크 프린스는 함께 걸었던 준혁이와 유진이의 안부를 물어 오고 사후 모임 날짜를 궁금해 했다. 타인들로부터 늘 도망 다니던 아이가 단 3일 동안 만났을 뿐인 타자들을 향해 마음을 여는 것이 내게는 커다란 희망과 기쁨으로 다가온다.

출발 - 도착 후 체크인 서클 (1일)

두 대의 차량에 나누어 학교에서 출발, 자유로에 피어있는 억새군락과 파란 가을 하늘을 보며 모처럼의 여유를 느끼며 숙소에 도착. 키를 받아 방 배정을 하고 한 방에 모여서 걷기학교에 참가한 기분과 이후 프로그램에 대해 바라는 점 등의 질문으로 체크인 서클을 하였다.

산책 - 저녁식사 - 마음열기

갑자기 추워진 날씨라서 난방 걱정을 했는데 숙소는 오히려 덥게 느껴진 반면 출판도시 산책을 하기 위해 밖으로 나가니 시원하고 상쾌했다. 체크인을 야외에서 했어도 좋았을 것이다. 김소월 산책로를 따라 걸어가다 보니 요즘은 찾아보기 힘든 대나무 숲이 있어서 아이들이 신기해 했고 대나무를 흔들며 놀기도 했다. 기분 좋을 만큼 산책을 하고 밥상마루라는 식당에서 저녁을 먹었다. 아이들은 대부분 돈가스나 비빔밥을 주문해서 무척 맛있게 먹었다. 저녁식사 후, 숙소로 돌아온 아이들에게 1시간 가량 휴식 시간을 주었다. 교사들은 2관에 있는 카페에 따로 모여서 걷기학교에 참가한 아이들의 상황 및 유의할 점 등을 공유하였다.

마음열기 - 본서클 - 느낌카드를 활용한 삶 나누기

2인실이어서 좁지 않을까 걱정했는데 침대를 양쪽 벽으로 붙이고 나니 적당한 공간이 생겨서 다행이었다. 먼저 마음을 열기 위해 다양한 게임을 했다. 게임을 하면서 아이들과 자연스럽게 친밀감이 쌓여갔다.

- 바람이 분다
- 로얄 패밀리
- 동전은 누구 손 안에 있을까?

〈서클활동1 - 몇 가지 키워드로 자기 소개하기〉

[문OO] - 축구, 걷기

[정OO] - 야구, 국가대표, 천둥

[심OO] - 그림, 애니메이션, 애기(아이 같은 구석이 있어서 이 단어를 선택함)

[홍OO] - 태권도, 과학, 일본어

[안OO] - 게임, 음악

[현OO] - 공부, 바다, 번지점프

〈서클활동2 - 지금까지 살아오면서 내가 가장 잘한 선택이나 결정은?〉

이 질문을 던졌을 때 교사들은 매우 풍성한 삶의 이야기들을 들려주는 반면 아이들은 비교적 짧게 자신의 이야기를 나눴다. 한 아이는 부모님이 이혼할 때 자신이 아빠와 살기로 선택한 것을 잘 했다고 나눌 만큼 내밀한 이야기를 들려주었고, 또 신능중에 오기로 한 선택을 잘 한 것 같다는 아이들의 고백을 반복적으로 들을 수 있어서 우리 학교에 대한 아이들의 소속감과 유대감을 확인할 수 있었다. 그리고 걷기학교에 오는 것을 매우 망설였던 한 여학생은 학교 다니기가 너무 힘들어서 자퇴할까도 생각했었는데, 그때 포기하지 않기를 잘했다는 말을 들려주었을 때 ,우리 모두는 가슴 한 편이 뭉클해지는 것을 느꼈다.

〈NVC 카드를 활용한 삶의 이야기 나누기〉

6명씩 방을 나누고 느낌카드를 살펴보면서 자신이 최근에 경험한 강렬한 감정 혹은 반복적으로 경험하게 되는 감정에 대해 이야기하는 시간을 가졌다. 이 활동을 할 때마다 느끼는 것이지만 일상적인 대화 속에서는 결코 생각해 내기 쉽지 않은 깊은 이야기들이 느낌 카드라는 도구를 통해 흘러나오게 된다.

뜸부기라는 새를 찾기 위해 여러 번 출사를 나갔다가 실패했는데 우연히 만난 농부를 통해 뜸부기는 9월 말이면 모두 떠나버린다는 말을 들었을 때의 그 복잡한 감정에 대한 이야기며, 밤마다 가위에 눌리는 무서운 꿈을 꾼다는 이야기 등 기발하고도 다양한 이야기를 들으며 상대방에 대해서 한 층 더 깊이 들어갈 수 있는 시간이었다.

〈별을 보며 하루를 체크아웃하다〉

밤이 깊어서 욕구카드를 활용한 놀이는 생략하고 야외 테라스로 나가서 맑은 공기를 마시며 하루를 마무리했다. 도시에서와는 달리 우리들 머리 위에서 선명하게 빛나는 별을 볼 수 있어서 행복한 순간이었다. 서로 손을 잡고 서클로 모여 서서 오늘 하루의 수고에 대해 서로 격려하고 내일 걷기에 한사람도 낙오되지 않고 성공할 수 있도록 조용히 눈을 감고 응원하는 시간이 정말 좋았고 아이들과 교사들이 진심으로 연결됨을 느낄 수 있었다.

아침식사 - 걷기학교 출발(2일)

아침에 눈을 뜨자마자 하루 전 날 예약해둔 콩나물 국밥집에서 아침 식사를 했다. 아침을 먹지 않는 습관이 들어버린 아이도 맛있게 밥을 먹었다. 혼자 먹는 콩나물 국밥보다 이렇게 아이들과 동료들과 함께 먹는 국밥이 가장 맛나다. 함께 식탁에 둘러앉으면 꼭 가족 같은 느낌이 든다.

숙소로 돌아와서 짐을 챙기고 나와서 게스트 하우스 체크아웃을 했다. 선생님들이 낸 회비로 음료수며 초콜릿, 사탕 등을 사서 아이들에게 나눠 주었다. 지혜의 숲 야외에 마련된 근사한 데크 위에서 체육 교사인 현문샘의 안내를 따라 스트레칭을 하고, 힘들어지면 읽기 위해 준비한 걷기와 관련된 좋은 글들을 돌아가면서 읽고 난 후에 드디어 출발!!

참 아름다운 출판도시 (지지향에서 평화누리길 입구까지)

파주 출판도시를 자주 방문했지만 1박을 하면서 보게 되는 풍경과 느낌은

무척 색다르다. 주로 출판사들이 들어와 있는 독창적인 건물들 사잇길을 호젓이 걷다 보면 멋진 공원이 나오고 그 공원 끝에서 광활한 삼남 습지가 눈 앞에 펼쳐진다. 주중에 비가 와서 상쾌한 공기와 드넓게 펼쳐진 초원 위에서 너무나 행복해진 어떤 교사는 잔디밭 위에 드러눕기도 하였다.

삼남 습지에는 수없이 많은 새들이 모여들었는데 왜가리들은 성격이 원래 난폭한 편인지 그 와중에 서로 다투고 있었다. 반면 주로 흰뺨검둥오리들은 마치 서클로 둥글게 모여 앉은 듯 참 평화로운 가을 아침 시간을 즐기고 있었다. 누군가가 서로 싸우는 새들을 걷기학교에 보내야 한다고 말을 하니 새들은 걷기학교가 아닌 날기학교에 보내야 한다는 썰렁한 농담을 했다. 썰렁한 농담이지만 우리는 너무 재미있다는 듯 해맑은 함박웃음을 지었다.

따로 또 같이 평화누리길을 걷다

처음에는 다같이 걷다가 평화 누리길에 들어서면서부터 교사와 학생이 2인 1조로 걸었다. 자유로와 나란히 놓여 있는 평화누리길은 자전거 도로이기도 해서 아침 일찍부터 동호인들이 바람을 쌩쌩 가르며 라이딩을 즐기고 있었다. 단체로 걷는 것도 좋지만 함께 온 아이와 따로 둘이서만 걸으면서 그 아이

만의 꿈과 진로, 학업습관, 가족들 이야기, 성취와 실패, 교우관계 등에 대한 이야기를 나누었다.

공릉천을 지나 황금들판을 가로지르다

파주 평화누리길은 아름답지만 자유로를 달리는 자동차 소음으로 소란스럽기도 하다. 하지만 공릉천으로 들어서면서부터는 정말 평생 간직될만한 멋진 가을의 정경들이 우리를 기다리고 있었다. 우리와 함께 한 종석샘은 공릉천의 새들을 주제로 논문을 쓸 만큼 공릉천에 대한 애정과 조예가 깊었는데 그 마음이 우리에게 고스란히 전달되는 듯했고 과연 그곳은 우리의 마음을 사로잡기에 충분하리만큼 아름다웠다. 눈을 돌리는 곳마다 억새들과 갈대, 그리고 갯벌, 코스모스와 누런 황금빛깔의 들판이 그동안 바쁘게 달려오느라 찌든 우리의 몸과 마음을 치유하고 회복시켜 주었다. 평화누리길 코스에서 잠간 벗어나 논과 논 사이로 놓인 농로를 선택한 덕분에 아이들이 자연으로 한 걸음 더 다가갈 수 있었다. 논두렁 작은 텃밭에서 자라는 상추, 시금치, 아욱 등의 이름을 묻는 퀴즈를 즉석에서 아이들에게 묻고 답하기도 하고 논에서 사는 논메뚜기를 잡기도 했다. 농로가에 피어있던 구절초와 코스모스가 오래 기억에 남는다.

장준하 공원

헤이리 가는 길에 조성된 고 장준하 선생님의 공원에 들러 선생의 행적이 기록된 기념비를 읽고 단체 사진을 찍었다. 장준하 선생의 삶과 그 공적에 대해 잘 알기에 이정표를 볼 때마다 다음엔 꼭 들러야지 하고 마음먹었지만 운전을 하면 늘 지나치곤 하였던 곳이다. 마음에 여유가 생겨서인지 그동안 미뤄오던 곳들을 자세히 들여다 볼 수 있게 된다. 이것이 바로 걷기의 힘이 아닐까?

한나샘이 나중에 우리 카톡방에 옮겨온 신영복 선생님의 글이 우리가 쭈욱 걸으면서 느낀 것을 잘 담고 있었다.

'자동차로 빠르게 지나가는 사람에게 1m의 코스모스 길은 한 개의 점에 불과합니다. 그러나 천천히 걸어가는 사람에게는 이 가을을 남김없이 담을 수 있는 아름다운 꽃길이 됩니다.' - 신영복 -

헤이리 도착

헤이리 들어가는 길에 있는 지향 막국수 집에서 막국수와 감자전을 주문해서 점심 식사를 했다. 식사 후에 원목샘과 종석샘은 택시를 타고 차를 가지러 숙소 주차장으로 가고 다른 교사와 아이들은 헤이리를 방문하였다. 헤이리 가는 길에는 벌써 플라타너스 가로수 잎들이 수북이 쌓여서 발길에 채이고 있었다. 우리 팀의 막내인 예원이는 생전 처음 가보게 되는 헤이리에 대해 무척 기대했다. 헤이리에서는 마침 예술성 가득한 소품과 공예품을 전시하고 판매도 하는 바자회가 열리고 있었다. 그림이나 디자인에 관심이 많고 재능도 있는 예원이는 바자회에 몰입하며 무척 행복해했다. 한길사 건물 앞에 있는 카페에서 커피를 마시며 휴식 시간을 가진 후에 학교로 돌아왔다.

마무리 체크아웃 서클 (학교 등나무 아래서)

학교 등나무 아래 모여서 가을을 주제로 한 배경 음악을 들으며 우리가 걸었던 길에 대해 조용히 눈을 감고 되돌아보는 시간을 가졌다. 그 후에 걷기 학교에 참여한 느낌을 돌아가며 나누었다. 아이들은 선생님들과 이야기하면서 걷는 것, 함께 밥을 먹고, 잠을 자고, 1박을 한 것이 좋았다고 소감을 나누어 주

었다. 등나무 아래에서의 간결하고 차분한 마무리 후에 학교를 배경으로 단체 사진을 찍고 걷기학교의 모든 과정을 마무리 했다.

걷기학교에 참가한 아이들의 학교에서의 모습 (2학년부 아이들 중심으로)

1박 2일의 짧은 시간이었음에도 걷기학교에 다녀오고 난 후 교실에서 만난 아이들은 이전과 다른 느낌이었다. 다희는 교실에서 친구들과의 관계 문제로 항상 표정이 어두웠는데 눈에 띄게 얼굴이 밝아졌고 영어수행평가를 할 때도 기존의 무기력한 모습 대신 준비를 잘해 와서 멋지게 발표를 했다.

그리고 지성이는 이전에 선생님들과 마주쳐도 그냥 지나치곤 하던 아이였는데 선생님들과 만나면 인사를 하기 시작했다. 2학년부 교무실의 선생님들이 그 변화를 느끼고 다시 기대하는 마음을 품는다. 현진이는 수업이 끝나자 쉬는 시간에도 교무실에 와서 종석샘에게 샘! 이젠 걷기학교 다시는 안 가죠? 하고 묻는다. 왜? 또 가고 싶니? 하니까 너무 좋았어요! 하면서 환하게 웃는다. 학교에서 오랜만에 보는 현진이의 해맑은 웃음이었다.

에필로그

한나샘이 자신의 페이스북 담벼락에 남긴 글을 이곳에 옮기며 글을 마무리 한다.

'걷기학교'

어떤 학생과 1박을 하며 걸을지 결정하고 학생의 동의를 구하는 과정이 조금 어렵긴 했지만 노력에 비해 배우고 느끼고 얻은 게 참 많은 시간이었다.

예원이에게 이런 장점이 있었는지, 예원이가 이런 걸 좋아하는 아이였는지...학생들과 오래 만나왔지만 이렇게 인격적인 만남은 처음이었다. 학교에서는 다수의 학생들을 만나다보니 한 명의 학생이 이렇게 소중한 존재인지 느낄 겨를도 없이 지나가 버린다.

일 년에 한 명이라도 이렇게 만날 수 있다면 참 좋을 것 같다.

언제나 그렇듯이 학교란 곳은 너무 바쁘다. 걷기학교를 떠나기 하루 전날까지도 과연 이 큰 행사를 잘 마칠 수 있을까 하는 걱정을 제대로 할 겨를도 없었다. 걷기학교 당일은 그렇게 소리 없이 찾아왔다. 함께 가는 선생님들의 걱정도 조금씩 느껴졌지만 바쁜 일정 가운데 함께 모일 여유조차 없이, 작년보다 더 바쁘게 그렇게 우리는 걷기학교를 맞이했다. 게다가 우천으로 인해 옮겨진 스포츠클럽 데이 덕분에 먼지 가득 쌓인, 피곤이 가득한 몸 상태로 우리는 강화도에 도착했다.

숙소를 보는 순간 안도의 마음이 들었다. 아이들은 넓은 숙소를 뛰어다니며 좋아했고, 예상치 못한 탁 트인 풍광을 만난 우리는 그때부터 자연스럽게 마음을 열기 시작했다.

"야~ 이런 곳은 사진으로 남겨야 해."

"정말 예쁘게 사진이 잘 나온다."

"우와, 너무 좋다."

"하하하하"

짐을 정리하고 찾은 곳은 동막 해수욕장이었다. 해수욕장에서 아이들 각자의 개성이 더욱 분명하게 드러났다. 가만 가만 사진만 찍는 아이, 좀처럼 말이 없는 아이, 학교에서의 평소 모습과 달리 과감하게 갯벌로 나서는 아이, 그걸 안타깝게 바라보는 아이, 기다렸다는 듯이 자신의 이야기를 쏟아내며 선생님과 대화를 하는 아이….

분명 학교에서 함께 했던 아이들인데 한 명의 아이와 오게 되니 그 아이의 모든 모습이 새롭게 느껴진다. 심지어 문제 행동도 귀엽게 느껴지고, 그 모습에 웃음이 난다. 맞다. 이런 게 진짜 관계 맺기이다. 학교에서 내가 아이들과 얼마나 피상적인 만남을 가져왔는지 되돌아보게 된다. '자세히 보아야 예쁘다. 오래 보아야 사랑스럽다. 너도 그렇다.' 나태주님의 시구가 정확히 마음에 와 닿는 순간이었다.

이쯤하고 자면 딱 좋을 것 같은 몸 상태였지만 그래도 어떻게 해서 오게 된 걷기학교인데 그냥 잘 수는 없지. 무거운 몸을 이끌고 우리는 게임을 시작했다. 동전 게임 하나 했을 뿐인데 너무 재미있었다. 피로가 좀 풀리는 기분이었다.

이어서 서클로 돌아가며 나를 비유해서 표현하기를 했다. 확실히 아이들의 표현력이 교사보다 나았다. 솔직한 아이들의 표현력이 부러웠다. 지금 마음의 상태는 어떤지에 대한 이야기를 나누었다. 입을 꾹 다물고 엎드린 채 마음을 열지 않는 아이도 있었다. 학년별로 흩어져서 NVC 카드로 자신의 힘들었던 과거나 이야기하고 싶은 것들을 자유롭게 나누고 공감해주기를 했다. 선생님들은 이 시간이 첫날의 하이라이트였으며, 시간이 부족했다고 말씀하셨다.

아이들은 자신의 감정에 솔직했다. 내가 생각했던 것보다 훨씬 더 선생님과 친구를 믿고 자기 마음을 표현해 주었다. 나라면 참 하기 힘들었을 이야기인데도 아이들은 참 솔직하고 순수하다.

여러 아픔을 겪은 아이들의 이야기를 듣다 보면, 어른이자 교사인 내가 그 아이들에 비해 참 평탄하고 운이 좋았다는 사실을 다시 한번 확인하게 된다. 세상 근심 따위는 모르고 행복해야 할 어린 나이에 어쩜 저리도 아픔이 많았는지. 괜히 아이들에게 미안한 마음마저 든다. 나라면 그 나이에 상상도 감당도 할 수 없었을 것 같은 아픔들을 겪으면서도 어쨌든 오늘 여기까지 잘 견뎌낸 아이들이 대견스럽다.

더 많은 이야기를 듣지 못해 아쉬웠다. 아이들의 이야기를 들으며 우리가 해 줄 수 있는 것이라곤 공감밖에 없었다. 우리는 그 이야기를 들어주기만 했을 뿐인데 한 아이가 이렇게 말했다. "지나온 이야기를 하며 공감 받고 위로 받을 수 있어서 정말 정말 최고 였어요. 학교에 가서도 또 하고 싶어질 것 같아요"

아이의 그 말이 마음에 오래 남았다. 단지 들어주기만 했을 뿐인데 그 아이에겐 최고의 순간이었다니! 학교에선 수업을 잘하기 위해 스트레스 받아가며 이런 저런 준비를 해서 들어가도 아이들이 최고의 순간이었다고 고백해 오는 일이란 좀처럼 없다. 들어주길 잘했다는 생각이 들어 뿌듯했다. 하지만 한편으로 다시 학교에 돌아가면 이런 시간을 마련한다는 것이 어렵다는 것을 잘 알기에 마음 무거웠다.

학교란 도대체 뭐하는 곳일까? 아이들과의 소통, 진솔한 만남, 그리고 이것을 바탕으로 한 상담과 시의적절한 코칭이 중요한 교육 본질의 한 축일텐데. 그러나 한 학기가 다 지나도록, 일년이 다 가도록, 아니 한 아이의 평생의 학창 시절을 통틀어 오늘처럼 이렇게 깊은 마음과 마음으로 만나고, 서로 안전하게 자신의 진실을 나누기가 학교라는 시공간 속에서는 왜 그토록 어려운 것일까? 많은 생각들이 이어졌다.

순서를 마쳤을 때 속 깊은 이야기를 쏟아 낸 때문인지 속이 허전했다. 이미 깊은 밤이었지만 우리는 라면 한 사발씩 먹고 잠이 들었다. 그 잘 밤에 앉은 자리에서 라면을 두 개씩이나 들이키는 아이도 있었다. 마음의 허기가 깊었나 보다. 그 아이에게 이 걷기학교는 어떻게 기억될까?

체육대회까지해서 피곤할텐데도 자신이 데려온 아이의 양치질이며 샤워까지 꼼꼼하게 챙기는 담임 샘의 모습을 보며 새삼 담임이란 존재의 위대함을 느꼈다. 옆에서 지켜보는 나는 하는 일도 없이 참 피곤했다.

다음 날 아침 9시 50분부터 걷기 시작했다. 10.5km쯤은 아무것도 아니지. 할 수 있을 거야. 게다가 숲길이라서 그렇게 덥지도 않다. 오랜만에 자연에 나와 걸으니 기분이 그렇게 좋을 수가 없었다.

한 시간 가량 걸었을 때 쯤이었나? 그때부터 오르막길, 땡볕이 나타나면서 우리는 지치기 시작했다. 길을 앞장서서 가는 종석 샘의 불안함도 느껴졌다. 다리가 아파서 중간에 걷지 못하면 다시 돌아가겠다고 한 학생도 있는 상황에서 '강화나들길'이라는 표지를 잘 보면서 분명히 맞게 걸어왔는데 출입금지, 사유지이니 조용히 해달라는 표지판을 보며 길이 아닌 길을 걷는 것 같은 느낌이 들었다. 우리가 걷는 길이 맞는 것인지 의심을 하며 계속 강화 나들길 3코스를 걷고 또 걸었다. 오르막길, 내리막길을 오가며 걷는 길은 생각보다 좀 힘들고 길게 느껴졌다. 우리는 8~9km 정도 걷다가 결정했다. 여기까지 걷기로. 근데 정말 예상치 못한 멋진 카페를 만나 우리의 결정은 완벽했다고, 행운이 우리와 함께 했다고 이구동성으로 말했다.

나의 권유로 걷기학교에 함께 참가한 아이는 쉬지 않고 자기 이야기를 해주었다. 자신의 문제가 무엇인지 잘 알고 있지만, 알면서도 잘 고쳐지지 않는다고. 하지만 더 노력해 보겠노라고 그리고 나에게 이 걷기학교에 데려와 줘서 너무 감사하다고 거듭해서 말했다. 내일까지 이어서 더 길게 했으면 좋겠다는 말도 몇 번씩이나 했다. 나 역시 이 걷기학교가 그 아이의 외로움을 조금은 달래주고 있는 기분이 들어서 좋았다.

야콘 냉면 전문집에서 점심을 먹기로 했다. 대부분 물냉면을 시키는데 야콘 튀김을 주문해서 한 접시를 느끼하다는 말 한마디 없이 먹어 치우는 아이들도 있었다. 역시 개성이 넘치는 아이들이다.

지난 한 주간 누적된 피로, 체육대회, 걷기학교까지 이어지는 벅찬 여정으로 우리는 매우 피곤했다. 냉면을 후다닥 먹고 차를 타고 학교로 돌아왔다. 돌아오는 차에서 아이들이 먼저 코를 골며 자기 시작했다. 나도 잠이 들었다. 학교에 돌아와 마무리 사진을 찍고 다음에 꼭 후기 모임을 갖기로 하고 헤어졌다.

우리는 사연이 있는 아이들과 만나 1:1로 함께 걸었다. 아픔 없는 사람이 어디 있겠냐마는 아픔이 있는 아이들과 함께 걷는다는 것은 그 아이들에게 걷기학교는 다시 일어설 수 있는 힘과 용기를 불어 넣어주는 시간이었다. 아이들에게만 좋은 것은 아니다. 교사들 역시 걷기학교를 통해 이 시대 교사로 산다는 것이 어떤 의미인지 가슴 묵직하게 배우고 경험할 수 있다. 어떻게 이 짧은 1박 2일 동안 1년을, 아니 10년을 교사로 살면서 느낄 수 없었던 그런 것들을 배우고 느끼게 하는지…. 참 신통방통한 걷기학교다.

[걷기학교 참가 교사들의 평가 및 후기]

■ 한 아이에게만 집중할 수 없는 평소 학교 안에서의 한계를 벗어나 새로운 시공간 속에서 서로 1:1로 온전히 집중할 수 있었다. 그 시간 속에 평소에는 보이지 않았던 아이들의 새로운 면모와 속마음을 알 수 있었던 좋은 기회였다. 또한, 아이들 각자가 자신의 생각과 속마음을 나누고 쏟아낼 창구를 그 동안 찾지 못했다는 듯 거침없이 자신의 마음을 털어놓고 이야기하는 모습이 다소 낯설고 신기하기까지 했다. 그 동안 이런 마음을 나눌 수 없어 얼마나 외롭고 답답했을까 싶어 안타까웠다. 짧은 걷기학교의 시간에 아이들이 단번에 변화될 것도, 또 그들이 가진 문제에

대해 어떠한 명쾌한 해답을 찾고 돌아온 것도 아니다. 그렇지만 아이들과 교사 모두에게 같이 걷고 함께했던 그 시간만으로 서로에게 충분했다는 생각이 든다.

▣ 새롭고 감동적인 경험이었다. 20년 넘게 교사로 살아오며 한 아이에게 이렇게나 집중해서 마음을 들여다보려고 노력했던 적이 있었나 싶다. 담임교사의 추천으로 나와 함께 걷기학교에 참여한 아이는 평소 조용히 수업도 잘 듣는 학생이어서 무슨 문제가 있을까 싶었지만, 함께 걷는 동안 자기 이야기를 쏟아내는 모습을 보며 이 아이가 온전히 나를 믿고 있구나. 함께 걷는 이 시간이 아이에게 행복한 기억으로 남겠구나.'하는 생각이 들었다.

▣ 걷기학교에 다녀온 이후 겉으로 보이는 아이의 모습은 크게 달라진 것은 없다. 하지만 보이지 않는 끈끈한 정은 더 많이 쌓였을 거라 믿는다. 서클 대화를 통해 아이들의 새로운 모습을 정말 많이 보았다. 철없고 생각 없고, 쟤는 왜 저럴까? 하고 봤던 녀석들의 이면에 깊은 고민과 생각, 남을 공감하고 이해하는 모습들이 있었다. 단편적인 모습들로 학생을 단정해왔던 나의 성급함을 되돌아 보는 계기였다. 이런 경험이 더 많은 학생들에게 주어졌으면 하는 바람이다.

▣ 지친 몸을 이끌고 걷기학교로 떠나는 차에 올라탔을 때는'이런 몸으로 가는 것이 도움이 될까?'하는 생각이었다. 그러나 떠날 때와는 달리 돌아오는 차에서는 내가 회복이 되어서인지 좋은 에너지를 얻고 가벼운 몸과 마음으로 돌아올 수 있었다. 나의 멘티와 함께 걸으며 대화를 나누

는 그 시간은 교무실에서 상담하고, 교실에서 아이들에게 다가서는 것과는 비교할 수 없을 만큼 서로가 가까워질 수 있는 소중한 시간이었다. 여행 한번 제대로 해본 경험이 없는 나의 멘티는'풍경이 아름답다, 힘들었지만 걷기를 해냈다, 오기를 잘한 것 같다'며 좋아했다. 그 아이에게 훗날 좋은 추억으로 남을거라 생각해 본다. 신능중 걷기학교! 여러모로 홍보하고 싶고 기회가 되면 다시 한번 참여하고 싶다.

▣ 한 아이와 이렇게 긴 시간 동안 함께할 수 있다는 점이 좋았다. 돌아와서 며칠 동안 복도에서 그리고 수업 시간에 같이 갔던 그 녀석이 나를 보는 눈빛을 보며 데리고 갔다 오길 잘했다고 생각한다.

제3부

걷기학교를 위한 자료들

- 서클 대화를 위한 질문
- 마음 열기 활동
- 시와 짧은 글과 노래

서클 대화를 위한 질문

서클 대화에서나 혹은 그저 편한 친구들과의 대화에서 가끔 기분이 좋아지는 질문, 나를 일깨우는 듯한 질문을 만날 때가 있다. 그런 질문은 마치 진행자나 상대방이 내 속마음을 들여다보고 있기라도 하듯 마음의 빗장을 열고 정곡을 찌르면서 들어온다. 그런 질문을 들으면 어서 내가 말할 차례가 되어서 지금 내 마음 속에서 일어나고 있는 이 생기발랄한 생각의 조각들이며 그 질문에 딱 어울리는 파란만장했던 과거의 경험을 나누고 싶어 가슴이 콩닥거린다. 그 생각들이 기억에서 사라질까 봐 마음까지 졸여가면서.

모든 질문이 그런 것은 아니다. 좋은 질문 속에는 질문자, 곧 진행자의 예리한 지성과 따뜻한 마음이 동시에 담겨 있다. 그리하여 대답하는 사람의 내면에 깊숙이 감춰져 있던 것들까지 드러나게 하는 힘이 있다. 그러므로 좋은 질문은 지혜로운 멘토이거나 좋은 친구에게서 나온다. 그리고 좋은 질문은 커다란 선박을 움직이는 아주 작은 방향키와도 같다. 질문의 성격에 따라서 대화의 분위기와 깊이, 그리고 대화의 방향이 완전히 달라진다.

여기에 간추린 질문은 걷기학교에서의 더 풍성한 대화 모임을 위해 제법 오랜 시간을 들여서 간추린 것들이다. 걷기학교에 참가한 구성원들의 규모, 참가자들의 성향, 그리고 계절이나 날씨 등등 그 날의 상황에 따라 적절하게 선택하여 활용하면 된다. 어떤 질문을 선택하든 걷기학교의 취지에서 크게 어긋나지 않도록 정성을 들여 질문을 하나씩 하나씩 모으고 다듬었다.

질문은 크게 세 갈래로 나누어 실었다. 먼저 서로를 좀 더 넓고 깊게 알아가기 위한 질문들, 다음 각자의 학교생활을 좀 더 진솔하게 나누기 위한 질문들, 마지막으로 걷기 또는 걷기학교와 관련된 질문들로 나누어 구성했다. 하나의 항목에만 치우치지 말고 각 항목별로 두루 균형을 맞추어 활용하면 좋겠다.

좋은 질문을 준비한 진행자는 참 마음이 든든하다. 부디 걷기학교 서클 대화 속에서 서로 오고 가는 질문과 대답을 통해 서로 소통됨의 기쁨, 서로 연결됨의 행복, 무엇보다 서로가 서로에게 얼마나 지혜롭고 영감 어린 존재들인지를 발견하게 되는 놀라운 경험이 있기를

• 남들이 알아줬으면 하는, 지금 이 순간 나의 기분이나 상태는?

• 자신을 잘 소개할 수 있는 키워드 세 가지는?

• 오늘 내 마음을 무겁게 하는 것과 가볍게 해주는 것 한 가지는?

• 나의 장점을 세 가지만 꼽아보면?

• 내가 가장 오래 이어가고 있는 취미는? 또 새롭게 가져보고 싶은 취미는?

• 자신의 습관 중에서 좋은 습관 하나와 고치고 싶은 습관 한 가지는?

• 내가 과거에 했던 행동 중에서 철없었지만, 그러나 내게는 소중했던 행동은?

• 나를 웃게 만드는 사람이나 사물은?

• 내가 가장 잘 할 수 있는 요리는?

• 최고급 뷔페 이용권, 뮤지컬 공연관람권, 호텔 숙박권 중에서 하나 고를 수
  있다면 나의 선택은? (가격은 모두 같음)

• 지금도 아쉬움이 남는 기억은? [나눔 이후에 그 기억을 새롭게 해석해주기]

• 최근에 내가 경험한 평화로운 순간은?

• 내가 가장 좋아하는 가수나 연예인, (또는) 작가는?

• 한 달 동안 (해외 포함) 살아보고 싶은 도시는?

• 지난 한 주간 자신의 행동 중 가장 마음에 드는 것은? (가장 긍정적인 행동은?)

• 남들이 나에 대해 잘 모르거나 의외라고 생각하는 것은?

• 지금까지 살아오면서 힘들 때마다 나에게 힘이 되어 주었거나 방향을 제시
  해 준 좌우명이 있다면?

• 내 마음이 가장 고요해질 때는?

• 지금은 웃으며 말할 수 있는 나의 실수담은?

• 글이나 시를 읽은 후에 그 곳에서 자신이 가장 중요하다고 생각하는 단어
  는?

• 학교에서 함께 있으면 가장 안전하다고 느끼는 사람은? 그 이유는?

• 학교생활에서 느끼는 행복의 정도를 다섯 손가락으로 표현하기.) 내가 손가락을 ＿＿ 개 편 이유는?

• 손가락 두 개에서 세 개로 가기 위해 혹은 세 개에서 네 개로 가기 위해 나에게 필요한 것은?

• 내가 그 때 다르게 행동했었더라면 하는 행동은?

• 잘못도 했지만 멋있게 책임을 졌던 일은?

• 가장 큰 성취감을 느꼈던 순간은?

• 가장 좌절했던 순간이나 경험은?

• 내가 정말 좋아해서 배우고 싶은 것은? 그 이유는?

• 학교에서 내가 들었던 말 중에서 아직 기억에 남아있는 말이 있다면?

• 집/학교/학원 이외에 내가 가장 자주 가는 장소는? 그 이유는?

• 근래에 나에게 감동을 준 사람 혹은 일은?

[걷기]

- '걷기'라는 단어를 들었을 때 처음 떠오르는 단어나 이미지는?

- 오늘 하루의 걷기를 세 단어로 정리해 보면?

- 나의 인생에서 오르막길이 계속되는 것처럼 느껴졌던 순간은?

- 당연하게 여겼던 것들의 고마움(소중함)을 알게 되었던 순간은?

- 지금까지 걸었던 길 중 가장 좋았던 길과 경험은?

- 오늘 걸으면서 가장 기억에 남았던 장면 혹은 풍경이 있다면?

• 머지않아 반드시 걸어보고 싶은 길은?

• 갈림길에 서서 무엇인가를 선택해야 했던 중요한 삶의 순간은?

• 걷기 혹은 걷기학교를 통해 얻어 가는 유익이 있다면?

• 걷기학교를 마치고 돌아가서 새롭게 시작하거나 도전해 보고 싶은 일은?

마음 열기 활동

걷기학교 중간 혹은 본격적인 서클 대화를 하기 전에 아이들뿐만 아니라 참가자 모두의 마음을 열도록 도와주는 활동들을 몇 가지 소개하고자 한다.

사실 걷기 활동 자체가 아이들의 마음을 열어주는 가장 중요한 몸 놀이다. 좀처럼 경계심을 풀지 않던 아이도 충분히 걷고 난 후에는 몸이 스르르 열리면서 어느 순간 마음을 턱하니 놓고 자신의 진심을 말하기 시작한다. 때로는 그것이 짜증으로 표현되는 경우도 있지만, 그것조차도 아이들이 가면을 벗고 자신의 본 마음을 드러내기 시작했다는 긍정적 신호로 받아들이면 된다.

그렇게 자신의 마음을 열게 되면 작은 소박한 활동 하나만 해도 아이들은 학교에서와는 다른 반응을 보인다. 사실은 기존에 이미 알고 있던 간단한 보드게임 몇 개만 챙겨 가도 숙소에서 아이들과 친밀감을 다질 수 있는 좋은 기회가 된다.

여기에 소개하는 몇 가지 활동들은 놀이 전문가가 아니어도 누구나 함께할 수 있는 활동들이다. 진솔한 서클 대화로 들어가기 위한 준비 과정의 의미도 있지만, 때로는 놀이 자체가 더 중요한 목적이 되기도 있다. 걷기학교의 이 공간이 아니라면 아이들이 어디에서 컴퓨터나 게임을 매개로 하는 것이 아닌, 사람과 사람 사이의 친밀하고 따뜻한 놀이를 경험할 수 있을까?

내 삶의 질문

이 책에 실린 서클활동을 위한 질문들 중 마음에 다가오는 굵직한 질문들을 아이들이 뽑을 수 있는 형태로 준비한다. 첫 날 걷기학교 참가자들이 모두 모였을 때 돌아가며 무작위로 하나씩 질문을 뽑아 혼자 간직하고 공개하지 않는다. 대신 걷기학교 마지막 날 서클 대화를 마무리할 때 자신이 뽑은 질문이 무엇이었는지 공개하며 그 질문에 대해 생각하거나 새롭게 깨달은 바를 나눈다.

맨발 걷기[21]

걷기 활동 중에 할 수 있는 가장 원시적이고 단순한 활동이지만 온 몸으로 걷기학교를 기억할 수 있는 강력한 활동이다. 숲이나 자연 속에서 걷는 활동은 맨땅 요법, 영어로는 어싱(earthing)으로 불리기도 하며 이 활동이 건강에 좋다는 많은 연구 결과들이 나와 있다. 맨발 걷기는 자신의 발끝을 통해 흙, 풀, 돌멩이 하나까지 오감으로 느끼게 하는 예민한 감각 활동이다. 일정한 구간을 정해 놓고 맨발로 걷고 난 후에 각자의 경험을 함께 나눈다.

그림이나 사진으로 말하기

소수의 인원이 참가하는 걷기학교에 안성맞춤인 대표적 활동이다. 사진이나 그림을 공간에 적절하게 배열한 후에 진행자가 던지는 질문과 가장 가깝게 느끼는 이미지를 고른 후에 그 이미지를 고른 이유를 함께 나눈다. 틈틈이 모은 엽서나 사진들 혹은 솔라리움 카드 등을 활용할 수 있다.

1) 지금 내 삶의 모습과 가장 가깝다고 생각되는 그림 한두 장 고르기

2) 내가 앞으로 살고 싶은 모습을 담고 있는 그림 한두 장 고르기

보드게임(도블)

활용할 수 있는 여러 가지 보드게임들이 있지만 특히 도블(Dobble)이라는 보드게임은 참치 캔처럼 생긴 작은 통 하나만 챙겨 가면 이동하는 기차 안이나 숙소에서 수시로 즐길 수 있는 게임이다. 55장의 작고 동그란 카드는 신기하게도 같은 그림이 하나씩만 들어 있다. 같은 그림을 먼저 발견하고 가장 많은 카드를 가져간 사람이 이기는 게임이다. 소수의 인원이 서로 머리를 맞대고 친근하게 할 수 있는 게임으로 추천한다.

동전은 누구 손에?

오백 원짜리 동전 하나만 있으면 가능한 게임으로 교사와 아이들 할 것 없이 누구나 좋아하는 게임이다. 먼저 참가자들을 두 팀으로 나눈다. 두 팀으로 나눌 때 서로 공유하는 공통 분모를 적용해 팀을 나눌 수도 있다. 예를 들어 보면 그날 점심식사 때 물냉을 먹은 팀 대 비냉을 먹은 팀, 학창시절에 수학을 더 싫어했던 팀 대 영어를 더 싫어했던 팀 등등의 기발한 카테고리를 적용해서 팀

을 나누는 것이다.)

두 팀이 일렬로 나란히 마주 보고 앉아서 게임을 시작한다. 어느 팀이 먼저 시작해도 상관없다. 먼저 시작하는 팀의 사람들은 모두 양 손을 등 뒤로 숨긴 채 오백 원짜리 동전을 좌우로 전달한다. 한 일 분 정도 지난 후에 상대팀이 '멈춰!'를 요청하면 그 때 양손을 앞으로 내민다.

이때 동전은 어느 한 사람의 손에 있게 된다. 다시 상대팀이 '하나, 둘, 셋!' 하고 외치는 구호에 맞춰 양손을 일제히 방바닥에 내려놓으며 손바닥을 편다.

상대팀은 이때 어떤 사람의 손에서 동전 소리가 나는지 잘 듣고서 동전이 있을 것으로 추정되는 사람을 지목해서 열어 보게 한다. 세 번의 기회 안에 맞추면 미션 성공이다. 이번에는 팀의 역할을 바꿔 다시 처음부터 시작한다.

바람이 붑니다

"바람이 붑니다, 바람이 붑니다, ~한 사람에게 바람이 붑니다!" 로 시작되는 이 게임은 널리 알려진 대표적인 자리 바꾸기 게임이다. 하지만 걷기학교에서는 참가자들이 많지 않고 의자가 없는 경우가 대부분이므로 그냥 둥그렇게 모여 앉아서 돼지 씨름 할 때 하는 것처럼 두 팔로 허벅지를 감싸고 이동한다. 자연스럽게 몸과 몸이 부딪히며 또 두 팔로 허벅지를 붙잡고 이동하는 서로의 우스꽝스러운 모습들을 통해 웃게 되며 친밀감이 급상승하게 된다.

비폭력대화 카드 놀이

• 걷기학교 참석 전의 감정과 가까운 느낌카드 세 개를 고른 후에 자신이 왜 그 카드를 골랐는지 돌아가며 말하기.(카드 개수는 인원과 시간에 따라 선택)

- 학교생활 중 자신이 가장 자주 경험하는 느낌 카드 세 개 고르고 그 이유 알 아보기

- 자신에게 특별히 소중한 욕구카드 3~5개 고르고 함께 나누기

- 걷기학교를 통해 충족된 욕구 카드 고르고 함께 나누기

- 타인에게 했던 강한 말이나 강한 행동 이면에 있던 나의 욕구 탐색하기

시와 짧은 글과 노래

교사 신뢰 서클에서 장석주 시인의 '대추 한 알'이라는 시를 함께 읽고 나눈 적이 있다. 거의 10년도 더 지났지만, 그 서클의 경험은 아직 생생하다. 시가 한 문학작품에 머물지 않고, 각자의 내밀한 삶의 이야기로 연결되고 확장되는 것을 보았다. 그 서클 공간 안에서 의미의 새로운 발견, 솔직함, 공감, 그리고 웃음과 유머가 환하게 피어올랐다. 대추 한 알 속에 태풍, 천둥, 벼락 등과 같은 우주의 흔적이 담겨 있듯, 한 편의 시를 함께 읽을 때 각 개인이라는 소우주에 담겨 있는 신기하고 고유한 삶의 흔적들이 흘러넘쳤다. 이런 경험은 비단 대추 한 알이라는 시에만 국한되지는 않았다.

혼자 감상할 때보다 공동체와 함께 읽을 때 더 깊고 풍성한 의미를 밝혀주었던 시들, 혹은 좋은 공동체를 만나면 꼭 같이 나누어보고 싶었던 시들을 비록 빙산의 일각이나마 이곳에 모아 보았다. 시를 읽고 난 후에 나눔의 깊이를 더하기 위한 질문들도 추가 했지만 꼭 여기에 얽매일 필요는 없을 것이다. 질문을 수정하거나 더 좋은 질문을 추가해서 활용할 것을 제안한다.

해석의 깊이, 나눔의 깊이가 반드시 한 작품의 시적 완성도와 비례하는 것은 아니다. 공동체와 함께 시를 읽고 나눈 적이 있는 사람들은 알 것이다. 시의 문학적 완성도 못지않게 함께 그 시를 읽는 구성원들의 공동체적 완성도가 중요하다는 것을.

좋은 시는 공동체를 더 단단하게 이어주고 강화하는 매개체가 되기도 하지만, 좋은 공동체 역시 좋은 시나 글의 정수(精髓)를 더 밝게, 더 깊게 드러내는 선순환의 관계를 맺고 있다. 그리고 두말할 필요도 없이 서클은 함께 시를 읽고 나누기에 최적의 공간이다. 걷기학교의 서클 공간 속에서 이 시들을 통해 서로가 더 깊고 행복하게 연결될 수 있기를 기대한다.

- 공동체
- 가지 못한 길
- 젊음
- 죽기 전에 꼭 해 볼 일
- 방문객
- 나는 알게 되었다
- 우리 안의 선한 늑대
- 행복
- 진정한 여행
- 리필
- 무엇이 성공인가
- 내 안에 내가 찾던 것 있었네
- 단감
- 화살과 노래
- 세상에서 가장 따뜻했던 저녁
- 견딜 수 없네
- 아닌 것
- 끝까지 가라

공동체

독수리별

우리 모두는 마음의 고향을 그리워한다.
한 번도 가본 적 없는 곳

반쯤 기억 속에 또 반쯤은 마음속에 그려보며,
그저 이따금 언뜻언뜻 볼 수 있는 그 곳의 이름은
공동체

그곳에서는 말이 목에 걸리지 않고,
열정으로 이야기 나눌 수 있는 사람들이 있다

맞잡은 손은 우리를 받아들이기 위해 열리고
우리를 맞이하는 눈은 빛나며
우리가 스스로의 힘을 찾을 때마다 함께 축하하는 목소리가 있다

공동체는
해야 할 일을 하기 위해 우리가 모은 힘이며
서로가 비틀거릴 때 잡아주는 팔들이다

치유가 일어나는 둥근 원이며
둥글게 모여 있는 친구들이다

우리가 자유로울 수 있는 바로 그 곳이다

나눔을 위한 질문

1. 이 시에서 마음에 와 닿는 단어나 문장은? 그 이유는?

2. 나에게 가장 좋았던 공동체 혹은 지금도 간혹 생각나는 공동체가 있다면?
   (거창하지 않아도 가끔씩 생각나는 공동체가 있다면?)

가지 못한 길

로버트 프로스트

노랗게 물든 숲속의 두 갈래 길,
몸 하나로 두 길 모두 갈 수 없어
아쉬운 마음으로 그곳에 서서
덤불 속으로 굽어 든 한쪽 길을
끝까지 한참을 바라보았다

그러고는 다른 쪽 길을 택하였다.
똑같이 아름답지만 그 길이 더 나을 법 하기에
아, 먼저 길은 나중에 가리라 생각했는데!
하지만 길은 또 다른 길로 이어지는 법
다시 돌아오지 못할 것을 알고 있었다.

지금으로부터 먼먼 훗날 어디에선가
나는 한숨 쉬며 이렇게 말할 것이다.
어느 숲속에서 두 갈래 길 만나 나는 -
나는 사람이 적게 다닌 길을 택했노라고
그리고 그것 때문에 모든 게 달라졌다고.

나눔을 위한 질문

1. 지금의 나를 있게 한 중요한 결정 두 가지는?

2. 지금 내가 서 있는 갈림길은? 선택하지 못하고 망설이고 있는 일이 있다면?

【명상】과거의 결정이 지금의 나를 있게 했듯 이후로 내가 선택할 일들이 나의 삶의 방향을 어떻게 바꾸어 놓을 것인지 눈을 감고 그려본다.

젊음

사무엘 울만

젊음은 인생의 한 시기가 아니요, 마음의 상태다.
장밋빛 볼과 붉은 입술, 유연한 무릎이 아니라
의지와 풍부한 상상력과 활기찬 감정에 달려있다.

젊음이란 기질이 소심하기보다는 용기에 넘치고
수월함을 좋아하기보다는 모험을 좇는 것이고
이는 스무 살 청년에게도, 예순 노인에게도 있다.

단지 나이를 먹는다고 늙는 것은 아니다.
꿈을 버릴 때 우리는 늙는다.

그대와 나의 가슴 한가운데에는 무선국이 있다.
그것이 사람들로부터 또는 하늘로부터 아름다움과 희망과 활기,
그리고 용기와 힘의 메시지를 수신하는 한,
그대는 영원히 젊으리라.

나눔을 위한 질문

1. 이 시의 단어나 문장 중에서 마음에 와 닿은 것은?

2. 이 시의 기준으로 나의 나이를 계산해 본다면? 그 이유는?

죽기 전에 꼭 해 볼 일

데인 셔우드

혼자 갑자기 여행을 떠난다

누군가에게 살아 있을 이유를 준다

악어 입을 두 손으로 벌려본다

2인용 자전거를 탄다

인도 갠지스 강에서 목욕한다

나무 한 그루를 심는다

누군가의 발을 씻어 준다

달빛 비치는 들판에서 벌거벗고 누워 있는다

소가 송아지를 낳는 장면을 구경한다

지하철에서 낯선 사람에게 미소를 보낸다

특별한 이유 없이 한 사람에게 열 장의 엽서를 보낸다

다른 사람이 이기게 해 준다

아무 날도 아닌데 아무 이유 없이 친구에게 꽃을 보낸다

결혼식에서 축가를 부른다

나눔을 위한 질문

1. 시인이 말한, 죽기 전에 꼭 해 볼 일들 중에서 나도 해보고 싶은 것은?

2. 시에 없는 것들 중에 살아서 꼭 해보고 싶은 나만의 바람이 있다면?

방문객

정현종

사람이 온다는 건
실은 어마어마한 일이다.
그는
그의 과거와
현재와
그리고
그의 미래와 함께 오기 때문이다.

한 사람의 일생이 오기 때문이다.
부서지기 쉬운
그래서 부서지기도 했을
마음이 오는 것이다---그 갈피를
아마 바람은 더듬어볼 수 있을 마음

내 마음이 그런 바람을 흉내 낸다면
필경 환대[22]가 될 것이다.

나눔을 위한 질문

1. 나를 항상 기쁘게 환대해 주는 사람은? 지금도 마음에 남아있는, 환대받았던 기억은?

2. 내가 정말 기쁘게 환대해 주었던 사람은? 그 때의 느낌은?

나는 알게 되었다

제니퍼 로페즈 올리베로

나는 알게 되었다:

숱한 패배로부터 이기는 법을

나의 미소는 나의 눈물들이 그려낸 것이다.

현실을 너무 잘 알기에, 오직 하늘을 본다.

너무 자주 바닥까지 내려가 보았기에 매번 그럴 때마다

나는 이미 알고 있다. 내일이면 다시 올라가리라는 것을.

내가 인간의 본성에 대해 경외심을 갖게 되었을 때

진정한 나 자신이 될 수 있었다.

깊은 외로움을 느끼고 나서야 내 자신과 친해지는 법을 알게 되었다.

나는 알게 되었다:

우리가 만나는 사람들은

결코 우연이 아니라 이유가 있다는 것을

그들이 당신과 함께 하게 된 이유를 분별하게 되면

그들과 어떻게 관계를 맺어야 할지 알게 된다.

누군가 당신의 삶에 함께 하게 된 이유는 대개

당신도 모르게 드러난 당신의 필요를 그가 채워주기 위함이다.

그들이 당신 앞에 나타난 이유는

당신이 어려움을 이겨내도록 돕기 위함이며

육체적, 정서적, 혹은 영적인 도움과 안내를 제공하기 위한 것이다.

그들은 하느님이 보낸 선물일 수도 …

아니 사실은 하느님이 보낸 선물이 틀림없다!!

사람들과 헤어질 때 우리가 반드시 알아야 할 것은
우리에게 필요한 욕구가 충족되었으며
그들은 그들의 역할을 훌륭하게 해냈다는 것이다.
모든 사람들은 저마다의 독특한 인생경험으로
당신이 결코 해 본 적이 없는 것들을 보여준다.

나눔을 위한 질문

1.가장 마음에 와닿은 부분이나 구절은?

2. 내가 알게(깨닫게) 된 인생의 중요한 배움이나 교훈이 있다면?

우리 안의 선한 늑대(우리는 참된 자기로 살아가기 위해 연습이 필요하다)

체로키 부족 출신의 한 할아버지가 손자에게 이야기를 들려주고 있었다.

"애야, 지금 내 안에서는 싸움이 벌어지고 있단다.

두 마리의 늑대가 싸우는 끔찍한 전쟁이지.

그 중 한 놈은 매우 사악하고 고약한 놈이야.

그 놈은 분노, 질투, 전쟁, 탐욕, 연민, 슬픔, 후회, 죄책감, 열등감, 거짓말, 오만, 우월감, 이기심, 그리고 불손함과 같은 것들이란다."

"다른 또 한 마리의 늑대는 매우 선하고 아름답단다.

그는 다정하고, 즐겁고, 평화롭고, 사랑이 많고, 희망적이고, 고요하고, 겸손하고 친절하고, 정의로우며 인정이 많아. 네 안에서도 그리고 모든 사람의 마음속에서도 이와 같은 전쟁이 일어나고 있단다."

듣고 있던 손자가 물었다.

"그런데 할아버지, 어떤 늑대가 이겨요?"

할아버지는 손자를 보며 이렇게 말했다.

"네가 먹이를 주는 늑대란다."

오늘의 학교는 우리의 내면에 잠복해 있는 늑대를 두려워하거나 불신하면서 오로지 남들보다 더 큰 힘을 갖는 것에만 몰두하도록 우리를 부추긴다. 참된 자아의 주위에 벽을 쌓고 그로 인해 자신의 참된 모습으로부터 그리고 타인들로부터 단절과 소외감을 느끼고 있다. 우리는 타인들의 감정에 대해 우리의 마음과 생각을 닫아버리는 습관을 계속 해 온 결과 마침내 우리 자신의 진정한 자아와도 차단되고 말았다.

우리에게는 우리가 진정한 자아와 연결되도록 도와줄 연습이 필요하다. 그래야 우리는 우리가 추구하는 가치와 발맞추어 살 수 있고 교실 및 학교 안에서 건강한 관계들을 만들어갈 수 있다. 학교 공동체 안에서 교사와 학생들 간의 관계는 어떤 의도의 산물이다. 만일 우리가 긍정적인 관계성들을 소중히 가꾸려는 의지가 있다면 관계는 저절로 풍성해진다. 서클은 우리 안의 선한 늑대를 먹이고 양육하는 실습의 과정이다.

나눔을 위한 질문

1. 걷기학교에서 서클대화를 하면서 느낀 것 혹은 질문이 있다면?

2. 내 안의 선한 늑대에게 먹이를 준다는 것의 의미는 무엇일까? 그 방법은?

행복

나태주

저녁 때
돌아갈 집이 있다는 것

힘들 때
마음속으로 생각할 사람 있다는 것

외로울 때
혼자서 부를 노래 있다는 것

나눔을 위한 질문

1. 힘들 때 내가 생각하는 사람은?

2. 외로울 때 내가 듣거나 부르는 노래는?

3. 내 마음대로 위 시에 한 연을 추가해 본다면?

진정한 여행

나짐 하크메트

가장 훌륭한 시는 아직 쓰여지지 않았다.
가장 아름다운 노래는 아직 불려지지 않았다.

최고의 날들은 아직 살지 않은 날들

가장 넓은 바다는 아직 항해되지 않았고
가장 먼 여행은 아직 끝나지 않았다.

불멸의 춤은 아직 추어지지 않았으며
가장 빛나는 별은 아직 발견되지 않은 별

무엇을 해야 할 지 더 이상 알 수 없을 때
그때 비로소 진정한 무엇인가를 할 수 있다.

어느 길로 가야 할지 더 이상 알 수 없을 때
그때가 비로소 진정한 여행의 시작이다.

나눔을 위한 질문

1. 아직 실현하지 못한 나의 꿈이나 목표는?

2. 가장 마음에 와 닿은 문장에 밑줄을 긋고 그 이유를 설명해 본다면?

친구야 너는 아니

이해인 시 / 부활 노래

꽃이 필 때 꽃이 질 때
사실은 참 아픈거래
나무가 꽃을 피우고 열매를 달아줄 때
사실은 참 아픈거래

친구야 봄비처럼 아파도 웃으면서
너에게 가고픈 내 맘 아니
향기 속에 숨겨진 내 눈물이 한 송이
꽃이 되는걸 너는 아니

우리 눈에 다 보이진 않지만
우리 귀에 다 들리진 않지만
이 세상엔 아픈 것들이 너무 많다고
아름답기 위해선 눈물이 필요하다고

엄마가 혼잣말로 하시던
얘기가 자꾸 생각이 나는 날
이 세상엔 아픈 것들이 너무 많다고
아름답기 위해선 눈물이 필요하다고

친구야 봄비처럼 아파도 웃으면서
너에게 가고픈 내 맘 아니
향기 속에 숨겨진 내 눈물이 한 송이
꽃이 되는 걸 너는 아니

나눔을 위한 질문
1. 노래를 들으면 마음에 와닿은 가사는?
2. 한 존재가 아름답기 위해서 꼭 눈물이 필요할까? 내 생각은?

좋은 나라

시인과 촌장

당신과 내가 좋은 나라에서
그곳에서 만난다면
슬프던 지난 서로의 모습들은
까맣게 잊고 다시 인사할지도 몰라요

당신과 내가 좋은 나라에서
그 푸른 강가에서 만난다면
서로 하고프던 말 한마디 하지 못하고
그냥 마주 보고 좋아서 웃기만 할거예요

그 고운 무지개 속 물방울들처럼
행복한 거기로 들어가
아무 눈물 없이 슬픈 헤아림도 없이
그렇게 만날 수 있다면. 있다면

당신과 내가 좋은 나라에서
푸른 동산에서 만난다면
슬프던 지난 서로의 모습들을
까맣게 잊고 다시 만날 수 있다면

나눔을 위한 질문

1. 좋지 못했던 기억을 리셋하고 다시 만나고 싶은 사람이 있다면?

2. 노래를 들으면서) 떠오르는 생각, 기억, 깨달음이 있다면?

리필

이상국

나는 나의 생을

아름다운 하루하루를

두루마리 휴지처럼 풀어 쓰고 버린다

우주는 그걸 다시 리필해서 보내는데

그래서 해마다 봄은 새봄이고

늘 새것 같은 사랑을 하고

죽음마저 아직 첫물이니

나는 나의 생을 부지런히 풀어 쓸 수밖에 없는 것이다

나눔을 위한 질문

1. 시를 읽고 마음에 와닿은 구절은?

2. 내가 이해한 '죽음마저 아직 첫물'이라는 구절의 의미는?

무엇이 성공인가

랄프 왈도 에머슨

자주 그리고 많이 웃는 것
현명한 이에게 존경을 받고
아이들에게서 사랑을 받는 것
정직한 비평가의 찬사를 듣고
친구의 배반을 참아내는 것
아름다움을 식별할 줄 알며
다른 사람에게서 최선의 것을 발견하는 것

건강한 아이를 낳든
한 떼기의 정원을 가꾸든
사회 환경을 개선하든
자기가 태어나기 전보다
세상을 조금이라도 살기 좋은 곳으로
만들어 놓고 떠나는 것

자신이 한때 이곳에 살았음으로 해서
단 한 사람이라도 조금 더 편하게
숨 쉴 수 있었음을 아는 것
이것이 진정한 성공이다

나눔을 위한 질문

1. 시인이 말한 성공의 기준 중에서 나에게 가장 쉬운 것과 가장 어려운 것 한가지는?

2. 내가 중요하게 생각하는 성공의 기준을 한 줄 추가해 본다면?

내 안에 내가 찾던 것 있었네

수전 폴리스 슈츠

모두들 행복을 찾는다고
온 세상 헤매고 있지

하지만 새로운 도전이란
잠시 혼란스럽고 불행하게 마련

마침내 지친 그들은
자기 속으로 돌아오지

아, 바로 내 안에
내가 찾던 것 있었네

행복이란
참다운 나를
사랑하는 사람과 나눌 줄 아는 것

나눔을 위한 질문

1. 「지구는 돌지만」이라는 시에서 박노해 시인은 다음과 같이 노래한다.
"지구는 돌지만 지상의 인간은 느끼지 못한다.
너무 거대하고 확실한 것은 느끼지 못한다.
너무 작은 인간은 너무 깊은 자신을!"

2. 두 편의 시를 읽고 마음에 와닿은 것이 있다면?

3. 외부(바깥)의 것들이 아닌, 내 안에서 내가 찾던 것을 만났던 경험은?

단감

이병주

해마다 가을이면 아버지는
단감을 따서 내가 사는 도시로 올려 보낸다

택배로 단감을 부친 날이면
세상에서 가장 행복한 목소리로 전화를 걸어

"오늘 감 따서 보냈다.
애기 엄마랑 우리 손주들이랑 깎아서 묵어라." 하신다

그러던 아버지가 올 가을
구강암 판정을 받았다

아버지를 병원에 모시기 위해
고향집 마당에 들어서는데
"어제 감 땄다. 단감부터 차에 실어라." 하신다

당신 몸 속 깊숙이
암세포들이 파고 들었다는데
그까짓 단감이 뭐라고!

구강암 수술로 당신의 입천장이 허물어지고
눈앞에 고생길이 훤히 열리게 생겼는데

자식들 입 속에 들어갈
겨우 그까짓 단감이 뭐라고!

나눔을 위한 질문
1. 가족 중 누군가나 가족의 사랑을) 떠올리게 하는 사물이나 대상은?
2. 꿈 속에서 돌아가신 가족이나 친척 중 누군가와 대화할 수 있다면? 누구와?

화살과 노래

헨리 워즈워드 롱펠로우

나는 하늘을 향해 무심코 화살을 쏘았지
화살은 바람처럼 날아서 어딘가로 사라지고,
화살이 떨어진 곳, 아는 이 없었네.

나는 하늘을 우러러 노래를 불렀네.
노래는 하늘을 맴돌다 어딘가로 사라지고,
노래가 머무는 곳, 아는 이 없었네.

먼 훗날, 우연히 보게 되었지
내가 쏜 화살은 부러지지 않은 채
참나무 등걸에 박혀 있었고,

내가 불렀던 노래 또한
내 친구의 마음속에
온전히 새겨져 있었음을

나눔을 위한 질문

1. 시에서 와닿은 단어나 문장은?

2. 누군가 내게 한 말 중에서 내 마음에 화살처럼 박혀 있는 말이 있다면?
   혹은 내가 무심코 한 말이나 행동) 중 누군가에게 화살처럼 박혀있을 말이나 행동은?

3. 내 마음속에 새겨져 있는 노래는? 그 노래를 불러 준 사람은?

세상에서 가장 따뜻했던 저녁

복효근

어둠이 한기처럼 스며들고
배 속에 붕어 새끼 두어 마리 요동을 칠 때

학교 앞 버스 정류장을 지나는데
먼저 와 기다리던 선재가
내가 멘 책가방 지퍼가 열렸다며 닫아 주었다.

아무도 없는 집 썰렁한 내 방까지
붕어빵 냄새가 따라왔다.

학교에서 받은 우유 꺼내려 가방을 여는데
아직 온기가 식지 않은 종이봉투에
붕어가 다섯 마리

내 열여섯 세상에
가장 따뜻했던 저녁

나눔을 위한 질문

1. 내가 경험하거나 보았던 세상에서 가장 따뜻한 저녁 풍경은?

2. 시를 읽으며 떠오른 사람이나 음식은?

3. 내가 누군가를 위해 최고의 요리를 준비한다면 그 사람은 누구일까?

견딜 수 없네

정현종

갈수록, 일월(日月)이여,
내 마음이 더 여리어져
가는 8월을 견딜 수 없네.

9월도 시월도
견딜 수 없네
흘러가는 것들을
견딜 수 없네

사람의 일들
변화와 아픔들을
견딜 수 없네.

있다가 없는 것
보이다 안 보이는 것
견딜 수 없네.

시간을 견딜 수 없네.
시간의 모든 흔적들
그림자들
견딜 수 없네.

모든 흔적은 상흔(傷痕)이니
흐르고 변하는 것들이여
아프고 아픈 것들이여

나눔을 위한 질문
1. 내가 견디기 힘든 상황이나 사람은?
2. 견디기 힘든 것들을 잘 견뎌내 올 수 있었던 원동력은?(자신과 옆 사람을 격려하기)

아닌 것

에린 핸슨

그대의 나이가 그대는 아니다
그대가 입는 옷의 크기, 몸무게
머리색깔도 그대가 아니다

그대의 이름도
두 뺨의 보조개도 그대가 아니다

그대는 그대가 읽은 모든 책이고
그대가 하는 모든 말이다

그대는 아침에 잠긴 그대의 목소리
그대가 미처 감추지 못한 미소
그대의 웃음 속 사랑스러움
그대가 흘린 모든 눈물이다

주위에 아무도 없을 때
그대가 목청껏 부르는 노래
그대가 여행한 장소들
그대가 안식처라고 부르는 곳이 그대이다

그대는 그대가 믿는 것들이고
그대가 사랑하는 사람들이며
그대 방에 걸린 사진들이고
그대가 꿈꾸는 미래이다

그대는 참 많은 아름다운 것들로 이루어져 있다
그러나 그대는 이 사실을 잊은 듯하다

그대가 아닌 그 모든 것들로
그대를 정의하기로 결정하는 순간에

나눔을 위한 활동
1. (시인이 제시한 안내를 참고하여) 내가 아닌 것과 나인 것 다시 만들어 보기

끝까지 가라

찰스 부코스키

무엇인가를 시도할 것이라면
끝까지 가라
그렇지 않다면 시작도 하지 마라

시도할 것이라면 끝까지 가라
이것은 여자 친구와 아내와 친척들과 직장과
어쩌면 너의 마음까지 잃어버릴 수도 있음을 의미한다
그것은 또한 3~4일 동안 먹지 못할 수도 있음을 의미한다
공원 벤치에 앉아 추위에 떨 수도 있고
감옥에 갇힐 수도 있음을 의미한다
웃음거리가 되고 조롱당하고
고립될 수 있음을 의미한다

고립은 선물이다
다른 모든 것들은 네가 얼마나 진정으로
그것을 하길 원하는가에 대한 인내력 시험이다
그리고 너는 거절과 최악의 상황에서도 그것을 할 것이다

그리고 그것은 네가 상상할 수 있는 어떤 것보다
좋을 것이다
시도할 것이라면 끝까지 가라
그것만한 기분은 없다
너는 혼자이지만 신들과 함께할 것이고,
밤은 불꽃으로 타오를 것이다
그것을 하라, 그것을 하라

하고 또 하라
끝까지
끝까지 가라

너는 너의 인생에 올라타
완벽한 웃음을 웃게 될 것이다
그것이 세상에 존재하는
가장 훌륭한 싸움이다

나눔을 위한 질문

1. 내가 끝까지 해보고 싶은 것은? (시를 읽고 난 소감을 자유롭게 말하기)

에필로그 - 걷는 당신이 기적이다

나의 오른쪽 무릎 (2019.5.22)

나는 오른쪽 무릎이 좋지 않다
왜 한쪽 무릎만 좋지 않은 것일까 자주 궁금했다

오늘 발을 씻다가 무심코
왼쪽 다리 몇 군데에 남아 있는 수술 자국을 보았다

어둡던 방에 갑자기 환한 빛이 쏟아지듯
나는 깨닫는다

내가 다친 건 왼쪽 다리였는데
그 부러진 왼쪽 다리가
다시 회복될 때까지 제법 긴 시간 동안
내 온몸의 무게를 홀로 지탱해 준 것이
오른쪽 다리였으며 그중에 고생을 많이 한 것이
오른쪽 무릎이었다.

왼쪽 발에 롱깁스를 하고 다닐 때나

다시 깁스를 풀고 목발을 짚고 다닐 때도

다친 왼쪽 다리에 체중이 실리지 않도록

홀로 온전히 내 온몸을 받아 준 것이 오른쪽 무릎이었다

단적인 예로 아직도 생각나는 좌변기도 없던 시골 화장실에서

발목부터 허벅지까지 롱 깁스를 한 오른쪽 다리를

쭈욱 뻗고 화장실 문고리를 잡은 불편한 자세로도

내가 볼일을 잘 완수할 수 있도록 온몸의 체중을

버텨준 것이 기특한 내 오른쪽 무릎이었다.

나는 생각해 본다.

오늘 이 순간까지

내가 아플 때마다 넘어질 때마다

중심을 잡을 수 없어 심하게 쏠릴 때마다

그 아픔의 무게를, 삶의 하중을

온전히 받아내고 지탱해주었을

지금은 다 기억할 수도 없는

그 수 많은 오른쪽 무릎들에 대해

그리고
어머니에 대해

쉽게 정리가 되지 않는 이야기가 있다. 아예 건드리지 않는다면 모를까, 이야기를 꺼내는 순간 복잡한 감정이 찾아들고, 어디서부터 이야기를 시작해야 할지 갈피를 잡을 수 없는 이야기, 전에도 몇 번 써보려고 했지만 번번이 실패하게 되고 마는 그런 이야기다.

내 어머니 이야기다. 어머니는 다시 일어나서 걸을 수 있는 그 기적 같은 날을 소망하며 벌써 몇 해째 병원에 누워 계신다. 그렇다. 이제는 내 어머니가 다시 걷는다는 것이 별 과장 섞이지 않은 기적적인 일이 되어가고 있다. '걷는 당신이 기적'이라는 말은 단지 비유가 아닌 사실 그 이상의 명제다.

아들이 걷기를 예찬하고 걷기학교를 시작한 것과 달리 어머니는 걷는 것을 몹시 싫어하셨다. 나에게는 더없이 행복한 여가활동으로서의 걷기가 더 이상 무릎에 연골이 남아 있지 않은 어머니께는 고통스럽고 피하고 싶은 행위였다. 눈 앞에 펼쳐진 아기자기한 길을 보면 가슴이 설레는 나와 달리 오래 걸어야 하는 길은 어머니에게 일종의 형벌이었다.

평소 바퀴 달린 것들로 이동하고 걷고 싶을 때만 여가로, 여행으로 혹은 운동으로 걷는 이 시대의 걷기와는 달리 바퀴 달린 것들을 갖지 못한 가난했던 시절의 어머니께 걷기는 가장 원초적인 이동 수단이자 운반의 수단이었다. 어머니는 머리에 짐을 이고, 등에 나를 업고, 손에는 또 다른 짐을 들거나 어린 내 동생의 손을 잡고 걸어 다니면서 시골 오일장에서 장을 보셨다. 그 시절 어머니께 자동차나 오토바이까지도 아닌 요즘 그 흔해 빠진 바퀴 달린 손수레 하나만 있었어도 어머니의 무릎, 어머니의 걷기, 그리고 어머니의 삶은 지금과 크게 달라졌을 것이다.

몇 차례의 무릎 연골 수술에도 불구하고 무릎이 아픈 어머니는 전동 휠체어를 하나 사달라고 요청하셨고 어머니는 그 휠체어를 타고 가시다가 생각지도 못한 안타까운 사고를 당하셨다. 병원에 누워계신 어머니의 사연을 생각하면 '걷는다'는 것의 의미가 내게는 그리 간단치 않다.

걷기란 무엇인가? 그것은 건강한 육체를 가진 자들의 특권이다. 생업의 무거운 짐으로부터 한발 물러나서 여유롭게 걸을 수 있는 시간과 체력을 가진 사람들이 누리는 행운이며, 이 세상이 도처에 숨겨둔 아름다움들을 가장 가까운 곳에서 보고 만지고 음미할 수 있는 사람들이 누리는 호사스러운 복이다. 건강과 시간과 체력과 여유 이 모든 것을 가져야 누릴 수 있는 것이다.

걷기의 가치와 권능이 이렇게 큰 것이므로 그것을 상실하고 빼앗겨 버린 사람들이 겪어야 하는 아픔과 비극도 그만큼 크고 깊다. 글의 서두에서 쉽게 정리가 되지 않는 이야기라고 말한 이유가 여기 있다. 걷기를 예찬하고 걷는 당신이 희망이요, 기적이라고 이야기할 때마다 내 어머니를 비롯해 그 걷기의 권능으로부터 소외되어 있는 분들의 처지와 가난한 마음이 떠올라 나는 아프다.

생각해 보면 살아간다는 것은 이전에 한 번도 가보지 못한 낯선 길을 걸어가는 것과 참으로 비슷하다. 생의 한 모퉁이를 돌았을 때 나를 기다리는 것이 무엇일는지 우리는 알 수 없다. 우리가 할 수 있는 일이란 그저 내가 볼 수 있는 곳까지, 그리고 걸을 수 있는 지점까지 씩씩하게 경이로운 마음을 잃지 않고 걸어가는 것이다. 그리고 설령 걸어온 기적, 걸어갈 기적이 끝나는 그 지점에서조차 여전히 『살아온 기적, 살아갈 기적』[23]이 남아 있음을 믿는 것이다.

강도처럼 만난 생의 불운 앞에서도 여전히 유머와 해학을 간직하고 계신 내 어머니, 자신의 비통한 처지 와중에서도 더 어려운 환자들을 볼 때마다 중보를 잊지 않으시는 어머니, 한결같이 내 오른쪽 무릎이 되어 주셨던 어머니, 가장 낮은 자리에서도 생의 존엄이 무엇인지 보여주고 계신 사랑하는 내 어머니의 회복을 간절히 기도하며 이 책을 어머니께 드린다.

대지, 그것이면 족하다.

휘트먼, '열린 길의 노래' 중에서

초대합니다

"걷기 학교"에 초대합니다. 실크로드를 온전히 걸어서 횡단한 베르나르 올리비에는 걷는다는 것은 자신의 과거를 돌아보고 또한 미래를 탐색하게 하는 일이라고 하였습니다. 걷기 학교는 자신의 꿈에 대해 제대로 생각해 본 적이 없는 아이들, 반복되는 일상 속에서 삶을 허비하고 있는 아이들이 걷기와 서클 대화를 통해 자신의 내면의 목소리를 듣고 변화와 회복의 계기를 만들어갈 수 있도록 돕고자 마련한 프로그램입니다.

걷기 학교는 사전 모임과 걷기 모임, 사후 모임으로 구성되며 다년간의 학생 생활교육 및 풍부한 상담 경험뿐만 아니라 회복적 생활교육에 대한 통찰을 지닌 교사들에 의해 운영됩니다.

- 걷기학교 안내 -

1. 언제 : 0000년 0월 0일 ~ 0월 0일 (0박 0일)

   ☞ [사전모임 0월 0일 저녁 0시 (장소 -)]

2. 어디로 :

   (자세한 일정과 준비물, 유의사항 등은 사전 준비 모임에서 다시 안내합니다.)

3. 대상 : 새로운 변화의 계기를 만들어 보고 싶은 학생 중 교사의 추천을 받은 학생

4. 참가비 : 00,000원 (※ 후원 받아 지원합니다.)

5. 대상 및 인원 : 남학생 0명, 여학생 0명

(이번 걷기학교는 경기도 고양시 관내 거주학생을 대상으로 합니다.)

6. 접수 기한 : 0000년 0월 0일( ) 00:00까지(00000@email.com)

(접수 신청서는 다음 페이지에 있습니다)

7. 접수 문의 : 000 (000-0000-0000)

※ 걷기 학교 신청 시 유의사항

걷기 학교는 걷기 멘토 교사 한 명과 학생 한 명이 한 조가 되어 진행합니다. 극기를 위한 걷기 프로그램이라기보다는 걷기 전에 각자의 삶을 돌아보게 하는 질문을 나누고, 걷는 동안 그 질문을 품고 걸으며 사색하는 프로그램입니다. 걷고 난 후에는 모두 한 자리에 모여서 자신이 새롭게 느꼈거나 깨달은 것을 서클 방식으로 깊게 나누고 다지는 시간을 갖습니다. 이를 위해 휴대폰의 사용은 전면 금지되며 걷기 학교가 완전히 종료된 후에 다시 돌려받게 됩니다. 여기에 동의한 학생만이 참가할 수 있습니다.

걷기 학교 신청서

■ 학생이 작성해 주세요.

인 적 사 항	이름		학급	
	생년월일		집주소	
	연락처		이메일	
	건강상태	매우 좋음 / 좋음 / 좋지 않음		

【자기소개하기】

1. 걷기 학교에 참여하기로 결심한 이유를 간단히 적어주세요.

2. '걷기' 하면 가장 먼저 떠오르는 생각을 짧게 적어주세요.

3. '걷기 학교'에 요청하고 싶은 것이 있으면 적어주세요.

■ 선생님께서 작성해 주세요.

인 적 사 항	이름		학교		담당업무	
	생년월일		학교주소			
	연락처		이메일			

【자기소개하기】

1. 선생님께서 위 학생을 걷기 학교에 추천하신 이유를 간단히 적어 주세요.

2. 걷기 학교에 참가하는 학생에게 보낼 응원의 메시지를 적어 주세요.

학생 서약서

참가 학생의 약속

♧ (본인 성명 기재) 은(는) 걷기 학교에 참여하기로 자발적으로 동의하였으며 열린 마음과 진실한 모습으로 함께 할 것을 약속합니다.

♧ (본인 성명 기재) 은(는) 아름다운 자연 속을 좋은 사람들과 함께 걸으며 참된 나의 모습을 찾기 위해 노력할 것이며 이를 위해 걷기 학교 기간 동안 휴대폰을 반납하고 일체 사용하지 않겠습니다.

♧ (본인 성명 기재) 은(는) 나의 멘토 선생님 및 함께 길을 걷게 된 모든 이들을 존중하고 걷기학교 기간 동안 우정과 신뢰의 공동체를 만들기 위해 노력하겠습니다.

참가학생 _____ (서명)

학부모 동의서

다음 질문을 꼼꼼히 읽으신 후 해당란에 √표기를 해주시기 바랍니다.	예	아니오
걷기학교의 취지를 잘 이해하였으며 저의 자녀의 걷기 학교 참가에 동의합니다.		
걷기학교 참여를 계기로 가정에서도 아이를 더욱 존중하고 아이와 더 많이 소통할 수 있도록 힘쓰겠습니다.		
걷기학교 진행기간 동안 발생하는 모든 위급상황에 대한 처리는 걷기학교 진행팀에게 결정을 위임합니다.		
※{진행팀에서 알아야 할 필요가 있는 자녀의 특이사항(질병, 체질, 개인특성 등)이 있으면 적어주시기 바랍니다}		

0000년 0 월 0 일   보호자명 _____ (인)

⟨걷기학교⟩참가후기

제00기 걷기 학교: 2000년 0월 0일~ 0월 0일

이름:( )

1. 내가 경험한 ⟨걷기 학교⟩는 (_____ 이다.

왜냐하면 _____

_____ 때문이다.

2. ⟨걷기 학교⟩ 중에서 좋았던 점, 아쉬웠던 점, 가장 기억에 남았던 점 등을 자유롭게 적어주세요. _____

_____

_____

_____

3. '걷는다'는 것에 대해 새롭게 발견하거나 느낀 점이 있으면 적어주세요.

_____

_____

_____

4. 가장 먼저 〈걷기학교〉에 참가한 선배로서 앞으로 〈걷기학교〉에 참가할 후배들에게 전하고 싶은 메시지를 한 마디만 남긴다면 무엇인가요?

_____

_____

5. 〈걷기학교〉에 제안하고 싶은 의견이나 좋은 아이디어가 있으면 말해주세요.

_____

_____

☞ [만족도 평가]

1. 숙소는 어땠나요?

매우 좋음	좋음	보통	싫음	매우 싫음

2. 걷기학교에서 걸었던 (_____)에서 (_____)까지 가는 코스는 어땠나요?

매우 좋음	좋음	보통	싫음	매우 싫음

3. 숙소에서 했던 카드게임 활동과 서클 대화는 어땠나요?

매우 좋음	좋음	보통	싫음	매우 싫음

☞ 카메라에 담고 싶었던 한 순간이나 한 장면을 스케치해 본다면?

(그림으로 표현하는 것이 너무 어려우면 글로 써도 됩니다.)

제3기 걷기학교
- 송광사에서 선암사까지, 그리고 순천만! -

2017.10.13 ~ 2017.10.14

일정표

3기 걷기학교 첫째 날 일정	
18:20	행신역(KTX) 출발
21:30	순천역 도착 후 저녁식사
22:30	숙소도착 / 체크-인 서클
23:30	취침
3기 걷기학교 둘째 날 일정	
7:00	일어나서 씻기
8:00	숙소 체크아웃 후 송광사로 출발
9:00	아침식사
10:00	걷기학교 출발 – 스트레칭 / 걷기 관련 읽기
14:00	점심식사
16:00	숙소도착 후 휴식
18:00	저녁식사
20:00	마음열기와 서클
22:00	취침
3기 걷기학교 셋째 날 일정	
7:00	일어나서 주변 산책하기
8:00	아침 식사
9:00	숙소 체크아웃 후 순천만으로 출발
12:00	점심식사
13:30	순천역 출발
16:30	행신역 도착 후 귀가

1. 나를 {동물, 사물, 계절, 음식}으로 비유해 보면?

2. 세 개의 문장 중에서 하얀 거짓말 찾기

3. 과거로 돌아가서 되돌리고 싶은 순간이 있다면?

4. 가장 행복했을 때 내 곁에 있었던 사람은?

5. 걷기학교 후에 새롭게 바꿔보고 싶은 것은?

열린 길의 노래

두 발로 마음 가벼이
나는 열린 길로 나선다.

건강하고 자유롭게, 세상을 앞에 두니
어딜 가든 긴 갈색 길이 내 앞에 뻗어 있다.

더 이상 난 행운을 찾지 않으리.
걸어가는 내 자신이 행운이므로

더 이상 우는 소리를 내지 않고, 다투지 않고
교실에서의 불평도, 걱정도
시비조의 원망도 집어 치우련다.

기운차고 만족스레 나는 열린 길로 여행한다.

대지(大地), 그것이면 족하다.

월트 휘트먼, 열린 길의 노래를 인용하여...

• 臥死步生(와사보생): 누우면 죽고 걸으면 산다.

• 나에겐 두 명의 주치의(의사)가 있다. 바로 나의 오른쪽 다리와 왼쪽 다리다.

– G.M. Treyelan –

• 진정으로 위대한 생각은 걷기로부터 나온다.

– 프리드리히 니체 –

• 나는 다름 아닌 내가 걸어온 세계다.

– 월리스 스티븐슨 –

• 걷기는 젊은이들이 정말 배우기 어려운 것을 가르쳐 준다. 바로 인내다.

– 에드워드 웨스턴 –

• 학교 성적, 스마트 폰, 친구관계를 유지하기 위한 스트레스, 사랑하지만 상처를 더 많이 받는 가족들. 이 모든 것으로부터 자유로울 수 있는 고요한 시간, 그러면서도 살아있는 이팔청춘의 육체가 본능적으로 추구하는 움직임의 욕구를 동시에 충족시켜주는 활동이 바로 걷기라고 나는 생각한다.

– 이병주 –

[느낌말 목록]

☐ 감사한 / 고마운

☐ 가슴 뭉클한 / 감동한

☐ 걱정스러운 / 근심스러운

☐ 겁나는 / 무서운 / 두려운

☐ 경이로운 / 황홀한

☐ 괴로운

☐ 귀찮은 / 성가신

☐ 기대되는 / 희망을 느끼는

☐ 긴장되는 / 떨리는

☐ 긴장이 풀리는

☐ 궁금한 / 끌리는 / 흥미로운

☐ 난처한 / 난감한 / 곤혹스러운

☐ 놀란 / 오싹한

☐ 느긋한 / 여유로운

☐ 답답한 / 갑갑한

☐ 당황한 / 당혹스러운

☐ 든든한

☐ 따뜻한 / 푸근한

□ 마음이 두 갈래인

□ 막막한 / 암담한

□ 무기력한

□ 무안한 / 민망한

□ 반가운

□ 불안한

□ 불편한 / 거북한

□ 비참한 / 참담한

□ 자랑스러운 / 뿌듯한

□ 상쾌한 / 개운한

□ 생기가 도는 / 활력 넘치는

□ 어색한 / 서먹한

□ 서운한 / 섭섭한

□ 속상한 / 마음이 아픈

□ 슬픈 / 서글픈

□ 신경 쓰이는 / 꺼림직한

□ 실망한 / 낙담한

□ 심심한 / 지루한 / 따분한

□ 쓸쓸한 / 외로운

□ 안심이 되는 / 마음이 놓이는

□ 억울한 / 분한

- 용기 나는 / 기운이 나는
- 우울한 / 울적한
- 정겨운 / 다정한
- 조바심 나는 / 속이 타는 / 초조한
- 좌절감이 드는 / 절망스러운
- 지친 / 피곤한 / 힘든
- 지겨운 / 질린
- 짜릿한 / 신나는 / 재미있는
- 짜증나는
- 창피한 / 부끄러운
- 평온한 / 평화로운
- 행복한
- 허전한 / 공허한
- 혼란스러운
- 홀가분한 / 편안한
- 화나는 / 격분한 / 열 받은
- 후련한 / 통쾌한
- 후회스러운 / 안타까운 / 아쉬운
- 흐뭇한 / 만족스러운
- 흥분되는

[욕구 단어 목록]

☐ 감사 / 인정

☐ 건강

☐ 공감 / 연민

☐ 공기 / 물 / 음식 / 주거

☐ 공동체 / 소속감

☐ 공유 (인식, 가치관)

☐ 기여 / 나눔

☐ 꿈 / 희망 / 비전

☐ 놀이 / 재미 / 유머

☐ 능력 / 자신감

☐ 도움 / 지지 / 협력

☐ 도전

☐ 독립 / 자립 / 주체성

☐ 돌봄 / 보호

☐ 따뜻함 / 부드러움

☐ 명료함 / 투명성

☐ 발견 / 자극

☐ 배려

☐ 배움 / 성장

☐ 사랑 / 관심 / 우정

☐ 삶의 의미 / 보람 / 목표

☐ 상호의존 / 상호성

☐ 선택

☐ 성실 / 온전함

☐ 성적 표현

☐ 성취

☐ 소통

☐ 수용

☐ 숙달 / 전문성

☐ 스킨십 / 신체적 접촉

☐ 신뢰

☐ 아름다움

☐ 안전 / 안정 (신체적, 정신적)

☐ 애도

☐ 여유 / 편안함 / 홀가분함

☐ 연결 / 유대

☐ 영성 / 영적 교감

☐ 예측가능성

☐ 이해

☐ 일치 / 일관성

☐ 자각 / 깨달음

☐ 자기돌봄

□ 자기표현 / 개성

□ 자유로운 움직임 / 운동

□ 자율성 / 자유

□ 정직 / 진실

□ 존재감 / 현존

□ 존중

□ 진정성

□ 질서 / 조화

□ 창조성 / 영감

□ 축하 / 인생예찬

□ 치유 / 회복

□ 친밀함

□ 평등

□ 평화

□ 혼자만의 시간

□ 효율성

□ 휴식 / 잠

미주

1 '교육의 난제(=X)는 현장 교사가 푼다' 라는 뜻으로 (사)좋은교사운동에서 진행한 연구실천 프로젝트이다. 학교와 공교육의 개혁을 위해 현장 교사들에게 소정의 연구비를 지원하고, 그 연구 결과를 책이나 문서로 발간한다.

2 경기도 고양시 덕양구 효자동에서 발원하여 현천동 한강으로 합류하는 지방하천이다. 서오릉의 하나인 창릉이 가깝게 위치하고 있어 창릉천이라 부르게 되었다.

3 베르나르 올리비에, 효형출판

4 교도소에 수감될 위기에 처한 청소년들을 위한 걷기교화 프로그램이다. 한 명의 어른이 두 명의 청소년과 함께 2천~2천5백km를 3개월 동안 걷고 나면 사면되어 사회로 복귀할 수 있도록 도와주는 프로그램이다. 걷는 동안 라디오나 MP3 플레이어 같은 기기를 휴대하지 않는 걸 원칙으로 하며, 스스로 숙식을 해결하고, 갈 길을 선택해야 한다. 선택에 따른 결과에 책임을 지는 것도 그들의 몫이다

5 의과대학생 신분으로 오토바이와 도보여행을 통해 남미 전역을 답사한 후에 혁명가로 거듭난 체 게바라의 일생이 이를 증명한다.

6 톈진 10경의 하나로 꼽히는 대형 복합공원. 난카이취에 있는 습지 를 공원으로 조성해 1951년 개방했다. 톈진에서 가장 큰 공원으로 많은 시민들이 찾기 때문에 주말에는 항상 혼잡한 편이다. 그러나 주중에는 한적하게 시간을 보내기 좋다. 동·서·남쪽에 세 개의 큰 호수가 있고 각 호수마다 섬이 떠 있어 '수이상 공원(水上公園)'이란 이름을 얻었다. 공원 내에는 동물원, 놀이동산, 수족관 등 다양한 시설이 있어 시간을 보내기 좋다. [네이버 지식백과] 수이상공원 [Tianjin Water Park] (저스트고(Just go) 관광지)

7 중국 문명 전반에 대한 것이 아닌 중국의 이산화탄소 문명을 말하고자 하는 것이었다. 그러나 그 당시엔 몰랐다. 단순히 국가별 이산화탄소배출량만 놓고 보면 중국이 1위이지만, 국가별 인구 1인당 이산화탄소 배출량을 기준으로 하면, 대한민국이 전 세계 3위, 중국이 8위 정도 된다(2011년 자료기준). 나중에 이 책을 쓰면서 정확한 사실을 알게 알았다. – 출처: 기후변화행동연구소 (Energy Information Administration 2011)

8 3부 〈내 안에 내가 찾던 것 있었네〉 시와 나눔 참고

9 이 애니메이션은 하이하바 섬으로 대표되는 농촌 공동체와 인더스트리아로 대표되는 기계 문명 사회의 대립, 과학 문명의 오용으로 인한 암울한 미래, 원시 공동체의 동경 등을 그려낸 작품이다. 흥미진진한 이야기 속에 깊은 주제를 담은 이 애니메이션은 당시에도 큰 성공을 거두었으며, 현재도 애니메이션의 수준을 크게 끌어올린 명작이라는 평가를 받고 있다. –위키백과 인용 –

10 반 고흐의 예술 및 그의 죽음과 관련된 배경에 초점을 두고 제작된 영화 '러빙 빈센트' (Loving Vincent)의 엔딩 화면에 흐르는 노래를 부른 가수. 돈 맥클린(Don McClean)의 원곡과는 사뭇 다른 버전의 곡조와 음색이 영화의 슬픈 결말과 어우러져 듣는 사람의 심금을 울린다

11 달리기를 즐기다 보면 처음에는 숨이 차고 힘들다가도 사점(dead point)를 지나면 언제 그랬냐는 듯 몸이 가뿐해진다. 더 나아가 시공간을 초월하고 박진감을 느끼며 희열감을 느껴 자신의 몸이 날아갈 것 같은 상태에 이르기도 한다. 짧게는 4분에서, 길게는 30분에 이르기도 하는 이 같은 상태가 바로 러너스 하이(runner's high)다. 러너스 하이(runner's high) 또는 러닝 하이(running high)라 불리는 상태는 일종의 감정 호전 상태를 지칭하는 말이다. 이것은 장시간을 요하는 유산소성 운동에서 자주 경험된다고 알려져 있다. 러너스 하이에 영향을 준다고 알려진 물질 가운데 가장 유력하게 언급되는 물질이 엔돌핀(endorphin)이다. – 출처: The Science Times 러너스 하이란 무엇인가?

12 그 시적 언어들의 완성도와는 별개의 문제다. 완성도를 떠나 내 안에 깃들어 있는 서정적인 언어들을 알아채고 기록하는 행위 자체가 작은 기쁨과 위안을 준다.

13 한용운 선생님의 이 시를 읽을 때마다 풍경을 발견, 묘사, 숙고하는 깊이가 어떤 세속의 경지를 넘어선 것임을 느낀다. 또한 풍경의 발견에서 머물지 않고 그 풍경을 있게 한 근원으로서의 절대자에 대한 동경으로 시상이 확장되는 것이 참 숭고하고 아름답다. 풍경은 걷기와는 뗄 수 없다. 걷는 사람이 누리는 풍경의 발견과 통찰을 최상의 경지로 표현해 낸 시라고 생각하기에 글의 말미에 이 시를 소개한다. 나도 걸으며 감히 이런 시선의 깊이를 그 절반이라도 흉내 내보고 싶다.

14 "공유지의 비극(영어: The Tragedy of the Commons)"이란 미국 UCSB 생물학과 교수인 개럿 하딘에 의해 만들어진 개념으로 1968년 12월 13일자 사이언스지에 실렸던 논문의 제목이기도 하다. 공유지(영어: Common Pool Resource)의 비극은 '지하자원, 초원, 공기, 호수에 있는 고기와 같이 공동체 모두가 사용해야 할 자원을 사적 이익을 주장하는 시장의 기능에 맡겨 두면 이를 당세대에서 남용하여 자원이 고갈될 위험이 있다'는 내용을 담고 있다. 따라서 이러한 자원에 대해서는 국가의 관여가 필요하다. 아니면 이해 당사자가 모여 일정한 합의를 통해 이용권을 제한하는 제도를 형성해야 한다는 내용이다. – 위키백과 인용 –

15 '걷기학교란 무엇인가?'에서부터 '무엇을 어떻게 준비할 것인가?' 까지의 글은 경기도교육청에서 발행한 '회복적생활교육 매뉴얼 II' 에 현장 실천사례로 소개되었다.

16 책의 3부에 마중물이 되어 줄 영감 어린 시들 및 다양한 서클 질문이 소개되어 있다.

17 회복적 생활교육에서 중요하게 가치 중 하나인 권한 부여하기(empowerment)의 개념

18 교사들에게 전문성이 쌓이지 않는 가장 주된 이유로 학교는 교육기관이 아닌 행정기관이기 때문이라는 지적이 많다. 이와 관련해 (사)사교육걱정없는세상에서 연구원으로 근무 중인 김태훈 선생님이 자신의 페이스북에 기록한 글을 참고해 보면 좋겠다.

19 좋은교사 X-프로젝트 실천 보고대회에서 발표한 원고의 내용을 약간 수정해서 실었습니다. 발제를 위해 쓴 글이다 보니 다른 글들과 문체가 조금 달라졌습니다.

20 · 처음 글은 류한나 선생님께서 정리해 주셨다. 그 글을 바탕으로 필자가 걷기학교의 진행 과정 중심으로 재구성하였다. 학교 혹은 교육 기관에서 걷기학교를 운영하고자 할 때 현장감 넘치는 생생한 이 기록이 도움이 되기를 기대한다. 아이들을 인솔하고 걷기학교를 운영해주신 모든 선생님들과 특별히 글을 정리해 주신 류한나 선생님께 다시 한번 감사와 존경의 마음을 드린다.

21 · 겨울에도 진행할 수 있다. 다만 실외에 너무 오래 머물지 않도록 하며 숙소로 돌아왔을 때 갑자기 더운 물로 발을 씻으면 동상에 걸릴 수 있으니 차가운 물로 씻거나 서서히 체온을 올릴 수 있도록 주의해야 한다.

22 · 진심으로 환영하는 마음으로 상대방을 정성껏 대접하는 것 .

23 · 장애와 암 투병 속에서도 긍정적인 유머와 위트로 자신의 이야기 및 고난을 이겨내면서 살아가고 있는 사람들의 삶의 이야기를 엮은 고 장영희 교수의 에세이 집이다. 그녀는 암 투병 중에도 희망과 용기를 주는 글들로 오히려 건강한 이들을 위로한다. 기적은 가까운 곳에 있으며 하루하루 노심초사하면서 버텨낸 자신이 살아온 나날들이 바로 기적이라고 말한다. – 교보문고 책 소개 글 중에서 –